《世界哲學家叢書》總序

本叢書的出版計劃原先出於三民書局董事長劉振强先生多年來的構想，曾先向政通提出，並希望我們兩人共同負責主編工作。一九八四年二月底，偉勳應邀訪問香港中文大學哲學系，三月中旬順道來臺，即與政通拜訪劉先生，在三民書局二樓辦公室商談有關叢書出版的初步計劃。我們十分贊同劉先生的構想，認為此套叢書（預計百册以上）如能順利完成，當是學術文化出版事業的一大創擧與突破，也就當場答應劉先生的誠懇邀請，共同擔任叢書主編。兩人私下也為叢書的計劃討論多次，擬定了「撰稿細則」，以求各書可循的統一規格，尤其在內容上特別要求各書必須包括（1）原哲學思想家的生平；（2）時代背景與社會環境；（3）思想傳承與改造；（4）思想特徵及其獨創性；（5）歷史地位；（6）對後世的影響（包括歷代對他的評價），以及（7）思想的現代意義。

作為叢書主編，我們都了解到，以目前極有限的財源、人力與時間，要去完成多達三、四百册的大規模而齊全的叢書，根本是不可能的事。光就人力一點來説，少數教授學者由於個人的某些困難（如筆債太多之類），不克參加；因此我們曾對較有餘力的簽約作者，暗示過繼續邀請他們多撰一兩本書的可能性。遺憾的是，此刻在政治上整個中國仍然處於「一分為二」的艱苦狀態，加上馬列教條的種種限制，我們不可能邀請大陸學者參與撰寫工作。不過到目前為止，我們已經獲得八十位以上海內外的學者精英全力支持，包括臺灣、香港、新加坡、澳洲、美國、西德與加拿大七個地區；難得的是，更包括了日本與大韓民國好多位名流學者加入叢書作者的陣容，增加不少叢書的國際光彩。韓國的國際退溪學會也在定期月刊《退溪學界消息》鄭重推薦叢書兩次，我們藉此機會表示謝意。

原則上，本叢書應該包括古今中外所有著名的哲學思想家，但是除了財源問題之外也有人才不足的實際困難。就西方哲學來說，一大半作者的專長與興趣都集中在現代哲學部門，反映着我們在近代哲學的專門人才不太充足。再就東方哲學而言，印度哲學部門很難找到適當的專家與作者；至於貫穿整個亞洲思想文化的佛教部門，在中、韓兩國的佛教思想家方面雖有十位左右的作者參加，日本佛教與印度佛教方面却仍近乎空白。人才與作者最多的是在儒家思想家這個部門，包括中、韓、日三國的儒學發展在內，最能令人滿意。總之，我們尋找叢書作者所遭遇到的這些困難，對於我們有一學術研究的重要啓示（或不如說是警號）：我們在印度思想、日本佛教以及西方哲學方面至今仍無高度的研究成果，我們必須早日設法彌補這些方面的人才缺失，以便提高我們的學術水平。相比之下，鄰邦日本一百多年來已造就了東西方哲學幾乎每一部門的專家學者，足資借鏡，有待我們迎頭趕上。

以儒、道、佛三家為主的中國哲學，可以說是傳統中國思想與文化的本有根基，有待我們經過一番批判的繼承與創造的發展，重新提高它在世界哲學應有的地位。為了解決此一時代課題，我們實有必要重新比較中國哲學與（包括西方與日、韓、印等東方國家在內的）外國哲學的優劣長短，從中設法開闢一條合乎未來中國所需求的哲學理路。我們衷心盼望，本叢書將有助於讀者對此時代課題的深切關注與反思，且有助於中外哲學之間更進一步的交流與會通。

最後，我們應該强調，中國目前雖仍處於「一分為二」的政治局面，但是海峽兩岸的每一知識份子都應具有「文化中國」的共識共認，為了祖國傳統思想與文化的繼往開來承擔一份責任，這也是我們主編《世界哲學家叢書》的一大旨趣。

傅偉勳　韋政通

一九八六年五月四日

自　序

英語世界中，在哲學由社會中隱退了將近半個世紀之後，洛爾斯的《一種公正理論》(*A Theory of Justice*) 的出版，將它重新由象牙塔中帶進了社會。這本書在一九七一年出版之後所引起的衝擊不僅是限於學院中的哲學系以及專業的哲學刊物；經濟學家、法理學家、政治學家也都紛紛討論及批評洛爾斯的理論。更有甚者，除了學術界的專業刊物之外，我們可以在《紐約書評》(*New York Review of Books*)，《紐約時報書評》(*New York Times Book Review*)，《經濟學人》(*The Economist*)，《旁觀者》(*The Spectator*)，《新共和國》(*New Republic*)，華盛頓郵報，《觀察者》(*Observer*) 及《時報高等教育增編》(*The Times Higher Education Supplement*) 等非專業性的書報中找到討論洛爾斯的文章及書評。一本哲學著作引起非哲學界中如此的迴響，在半個世紀以來英語世界的哲學界中幾乎是空前的。

這個現象顯示了西方世界在經過六十年代的動盪之後，大家瞭解到西方社會的根本基礎之一——自由主義——並非如六十年代初期高唱意識形態的時代已經終結那些人所描繪的那麼完美無缺，它本身只是諸多意識形態中的一種，同時，它的普遍有效性仍是可以被質疑的。這個現象所顯示的另一點是，哲學，尤其是倫理學與政治哲學，與現實世界是息息相關的。它不僅也不應該只是哲學家們在象牙塔中的一套概念遊戲。一個哲學理論之所以對人類有影響力，主要是由於它對於當代人們所面臨的最尖銳及最具挑戰性的問題提出了一套系統的看法。柏拉圖、亞里士多德、笛卡爾、康德、洛克等大哲學家所提出的理論，正是對於他們時代所面臨的最尖銳的基礎性問題所提出的看法。這個問題可能是有關知識的基礎，也可能是有關政府的合法性，也可能是有關道德的根據。六十年代中期以來在西方世界出現的幾個運動，如美國少數民族的民權運動，以學生為主的新左派運動，嬉皮運動及反越戰運動等，都促使人們從美夢中驚醒過來。這些運動所針對的並非資本主義制度中的小枝小節的問題，而是對整個現代西方社會建立的哲學基礎提出懷疑。洛爾斯的工作可以被視為是受這個運動的激盪所做出的一種哲學性的反省，他的理論則可以被視為是對於這些運動所引起的問題的一個答案。

他的理論是一個有關公正的理論，它所處理的是分配公正(distributive justice)的問題。分配公正所牽涉到的是：社會的成員應該根據甚麼原則來分配他們的權利、自由、物質報酬，以及他們應有些甚麼義務。這是規範倫理學 (normative ethics)的問題。有關這個問題，在現代西方傳統中，主要有兩派不同的主張，一派是「效益主義」(utilitarianism)，另一派則為「契約論」(contractualism)。雖然有這二派不同的哲學主張，但是，自十八世紀以來，效益主義幾乎籠罩了整個西方倫理、政治及經濟思想的領域。休姆、邊沁、亞當・史密斯、米爾等思想家所提出的理論，最後都歸結到效益這個原則。這個思想一直延伸到二十世紀。當今的福利經濟學 (welfare economics) 可以被視為是效益主義的繼承人。

雖然，效益主義本身面臨許多困難，但是，沒有人提得出一個與它在系統性及涵蓋性上能够相對抗的理論。大家所作的只是對它作一些枝節性的批評及一些修補的工作。最終我們所能達成的只是一種妥協——基本上，我們接受效益主義作為最根本的原則，但是用一些直覺上認為是正確的原則對它加以一些限制。洛爾斯指出，效益主義之一直佔着這樣壟斷性的地位，並非由於它真正的道出了公正的原則，而是由於我們缺乏一個如它那樣系統性强且力量相當的理論。

由於上面這些原因，洛爾斯認為我們必須建構另外一個道德理論來取代效益主義。他所提出的理論——公平式的公正(justice as fairness) 就是希望能够完成這個目的。這個理論是繼承傳統的契約論而發展出來的。洛爾斯說：「我所嘗試作的乃是將傳統上由洛克、盧騷及康德所代表的社會契約論普遍化，將它推向一個更高的抽象層次。」

自從倫理學受分析哲學的影響，把注意力完全集中在後設倫理學以來，哲學與道德、公正等規範性的問題就開始脫節。因此，在英語世界中，哲學與現實人生、文化變得幾乎完全不相干。柏納・威廉斯 (Bernard Williams) 曾說：「當代道德哲學發明了一種具有原創性的使人們感覺沉悶的途徑，這就是，它完全不談論道德的問題。」洛爾斯想要作的是恢復從亞里士多德到西幾維克 (Henry Sidgwick) 這個倫理學的傳統。這點正是《一種公正理論》所提供給我們的。這本書的工作有三個方面。首先，在實質的規範理論上，洛爾斯要指出效益主義的缺點；其次，在方法學上他要指出概念分析的工作在哲學上只能具有從屬的地位。在倫理學或其他哲學領域中，最重要的工作是理論的建立。最後，當然他要建立起自己的公正論。我認為這三項工作他都作到了。有人將洛爾斯比作當代的米爾。只要讀了《一種公正理論》，你就會覺得這種比喻並非過譽了。最後，讓我引貝利(Brian Barry)的一段話做為本序文的結束：「很簡單地，對這本書我們可以這樣説，將來任何人要處理這本書中所觸及的問題時，如果他想要學者們重視他的工作，則他的工作必定要顯示出與本書是沒有脫節的。」

石元康

一九八九年四月二日於香港中文大學

洛爾斯

──自由主義與公正──

目　次

第一章　道德哲學與公正理論

1. 後設倫理學

摩爾 (G. E. Moore) 於 1912 年在他的《倫理學》一書中說:

> 事實上，倫理哲學家們絕大部份的時間所關心的並非去制定一些規則，用以指出某些行為方式一般地或總是對的，而另一些則一般地或總是錯的；他們也不列出一個條目以指出某些東西是好的，另外一些是壞的。他們所致力的是回答下列這些更加普遍及根本的問題：當我們說某一項行為是對的或應該做的時候，我們究竟意謂着甚麼？當我們說某一些事態是好的或壞的時候，我們究竟是甚麼意思？在所有對的行為中，即使它們在其他方面有多麼不同，我們是否能够發現任何共屬於它們的普遍性徵，而除了對的行為之外，這個性徵並不屬於任何其他的行為？同樣的，在所有好的東西中，我們是否能發現任何共屬於它們的性徵；而除了好的東西之外，這個性徵並不屬於任何其他的

東西❶。

在這段文字中，摩爾指出了，在那個時代道德哲學家們主要的工作是甚麼。他們主要的工作是對於人類道德判斷及對話中的主要概念作分析。「對」、「錯」、「好」、「壞」這些概念，是人類道德生活中最重要的一些概念。道德哲學的主要工作就是分析它們的意義，或是探討在我們使用這些概念時，究竟我們要它們擔負些甚麼工作。摩爾在上段文字中所提出的幾個問題，都是這一類的問題。「究竟『對』的意義是甚麼？」所有好的東西是否具有任何共同的性徵，因此，我們能正確地對它們使用「好」這個概念？哲學家們將對這類問題的探討稱之爲「後設倫理學」(meta-ethics)。這種研究倫理學的方式，很顯然的是將語言或概念分析這種哲學方法，應用來研究倫理學的問題。它們一直流行到六十年代末期。哲學家們所以把這種研究方式稱之爲「後設倫理學」的理由，是因爲在這種研究方式的影響下，道德哲學的工作不再是建立一套原則來判別甚麼行爲是對的或錯的，以及甚麼東西是好的或壞的這種規範性的工作。它所做的是一種第二層次的工作。我們之所以說它是第二層次的工作乃是由於它是對第一層次的道德對話中的概念作分析工作，而這項工作本身並沒有對任何倫理系統作出任何承擔(commitment)，也沒有對它們作出判斷。語言分析式的後設倫理學家的工作並不是要提倡或建立某一種倫理學說。他所要做的是告訴我們「好」「對」等概念怎麼用。他最多只能在對這些概念作過了分析之後，提出一些普遍

❶ G. E. Moore, *Ethics* (Oxford: Oxford University Press, 1912), p. 1.

及抽象的原則，指出「道德」「好」這一類的概念的性質是甚麼。例如赫爾所提出的學說，他指出道德原則是一種規定性（prescriptive）的語言（或判斷）。但是，只憑這些普遍的性質，我們仍無法在眾多第一層次的規範性的道德理論中做選擇。而贊成赫爾的規範主義（prescriptivism）的人，也可能接受亞里士多德的理論，也可能接受效益主義（utilitarianism）。

注意力集中在後設倫理學的問題上，使得哲學家們忽視了規範倫理學（normative ethics）。規範倫理學所處理的問題正是摩爾在上面所引的那段文字中所說的「制定一些規則用以指出某些行為方式一般地或總是對的，而另一些則一般地或總是錯的。」這是從亞里士多德一直到西幾維克（Sidgwick）的傳統❷。這個傳統所要討論的是實質的（substantive）道德問題。他們所要建立的是一個規範性的道德系統。

2. 洛爾斯對道德哲學的看法

洛爾斯在《一種公正理論》以及其他文章中所想做的正是建立一個實質性的道德系統，或者更加精確地說，一個有關分配公正的理論。因此，他很自然地會對於後設倫理學以及把注意力集中在後設倫理學這種趨勢提出質疑。我們發現他不止一次說過類似這樣的話，

> 一個公正理論所服從的方法上的規則與其他的理論是相同

❷ 西幾維克（Sidgwick）的 *Methods of Ethics* 一書出版於 1902 年。J. J. C. Smart 認為這是有史以來最好的一本有關倫理學的書。

的。界說與意義的分析並不佔據一個特別的地位：界說只是在建立理論的一般結構時所用的一項設計。一旦整個架構完成時，界說並沒有特殊的地位，同時，它與該理論的成功或失敗享有共同的命運。無論如何，很顯然的，我們無法僅靠邏輯真理與界說而發展出一個實質的公正理論。對道德概念以及一些先天性（a priori）概念的分析，無論傳統上怎麼瞭解它，是一項過於單薄的基礎。道德哲學必須隨意地去自由運用非必然性的假設（contingent assumptions）以及普遍性的事實❸。

洛爾斯的這段話雖然主要是在表達他對於建立道德理論的方法學的主張，但是，我們很容易從其中看出他對道德哲學本身的工作的看法。首先，他並不認爲道德哲學的主要工作是對道德對話或判斷中所用的一些主要概念作分析。道德哲學的主要工作是建立一套實質的理論。這與上面所引摩爾對於本世紀初以來英美道德哲學家們的工作的描述是一個極爲鮮明的對照。其次，洛爾斯並不是認爲概念分析完全不佔任何地位，或者在建立道德理論時，可以完全不作分析的工作。這點事實上是不可能的。沒有任何哲學理論，包括傳統式的形而上理論，是可以完全離開分析的。他只是指出，分析在理論建構中僅佔一個不是頂重要的地位，因爲分析所能提供給理論建構的只是很小一部份的東西，它不足以作爲建構理論的基礎。

---

❸ Rawls, *A Theory of Justice* (Cambridge, Mass.: Harvard University Press, 1971), p. 51. 以後所有括號中的頁數都是指這本書中的頁數。

如果道德哲學的主要工作不是對道德對話或判斷中的主要概念作分析，而是建立一套實質的理論，那麼這將是怎麼樣的一種理論呢？它的對象是甚麼？它的方法又是甚麼？方法論的問題我們在別章中再談，這裏只談它的對象及性質。

任何一個人，當心智發展到一定的階段時，在日常生活中都會對事件及人物作出道德的判斷。他會指出某人某件事做得不對，或是某個社會的某條法律不公正這一類的判斷。作這種判斷所表現的是它的作者具有一種道德的能力及接受一組道德的原則，這種能力及這組原則，使得他能夠從道德的觀點來審視週遭所發生的事情。道德哲學的工作就是建立起一套理論來說明這種道德判斷的能力。古典的道德哲學家把這種能力叫做道德情操(moral sentiment)，因此，道德哲學所做的工作就是建立一個道德情操的理論。這種能力以及這組原則究竟是先天的或後天的，絕對的或相對的，道德哲學家們有着分歧的意見。但是，幾乎任何一個心智成熟的人都具有這種能力則是一個事實。建立這樣一個道德理論是極爲艱難的工作。因爲這種理論並非只是擺列一些人們對於人或事件或制度的一些判斷以及在做這種判斷時所提出的理由。如果道德理論的工作是這樣的話，它變成是一種純然經驗性的工作，道德哲學家的工作變成是搜集經驗資料的工作。建立道德理論的工作是要提出一組原則，當我們把這組原則在適當的經驗環境中應用時，從其中我們可以導出道德的判斷，而這些判斷必須跟我們未經有意識地應用這組原則的判斷相吻合。如果一個道德理論可以建構起這樣一組原則，則我們可以說這個道德理論對我們的道德能力提供了一個說明。由於大家日常對作道德判斷都很熟悉，因此，也可能會認爲建立道德理論的工作並不像建立科學理論那樣複雜。但正是由於這種熟悉，使得我們忽視了這項工作的艱難。如果不是這樣的話，爲什麼米爾在《效益主義》這本小書中一開始就說，「關於道德上對、錯標準如何決定的爭論，到目前爲止，進步是極爲有限的。在構成人類知識的現狀中，很少情況比這點更出乎人的意料，很少關於最重要問題的思辯仍舊停滯不前在這種極爲落後的地步。」

洛爾斯把建立道德理論的工作與語言學的工作做了一個有用的比較。後者的工作主要是描述一個人對於自己母語的文法感 (sense of grammaticalness)。任何一個人對於他的母語都有一種直觀的能力，這種能力使得他能夠正確地辨別出在該語言中那些文字的串連是合文法的。由於絕大部份說某個語言的人，對於他的母語並沒有什麼理論及文法上的了解，因此，我們說這種能力是一種直觀性的能力。語言學家的工作是要描述及說明這種文法感。這種理論性的工作同樣的也並非只是列出一些明顯的文法規則，而是建構一組原則，從這種原則中以導出完構的語句。一個對自己母語運用自如的人並不表示就能指出這組原則是什麼。

對於道德理論的工作有了輪廓性的了解之後，讓我們再介紹二組概念。第一組是公正概念 (the concept of justice) 及公正思想體系 (the conceptions of justice)；第二組是嚴格遵循的理論 (strict compliance theory) 及局部遵循的理論 (partial compliance theory)。要界定公正這個概念，我們所要作的是勾劃出公正在人類社會中所具有的功能以及它所扮演的角色。在眾多不同的公正理論中，每一個理論對於公正在社會中的功能大概都有相當一致的了解。但是，有史以來，人類卻發展出許多不同的公正理論，例如效益主義，完美主義等。我們把每一個實質的規範公正理論稱之爲一個公正思想體系（conception of justice）。不同的公正思想體系或理論，提出不同的公正原則，這些原則之間有些是彼此不相容的。但是，不同的公正理論對於公正這個概念本身卻有一個最低度的共同了解。這個了解，我們就將它稱之爲公正概念❹。

最後，在處理公正問題時，我們會遇到這樣的問題：如果一個社會或制度並非完全公正時，我們該怎麼辦。對於這種問題的處理，洛爾斯將它稱之爲局部遵循的理論。這種理論所要處理的是下列這些問題：處罰的理論（theory of punishment），公正的戰爭的理論；以及對於不公正的制度的反抗的問題，像公民的抗議（civil disobedience）以及革命等。而嚴格遵循的理論則不處理這些問題。它所討論的是一個完全公正的社會是什麼樣的？那些公正原則是建立這種社會的基礎。洛爾斯的書絕大部份討論的是嚴格遵循的理論。他認爲只有在我們對公正原則有了相當的把握之後，那些屬於局部遵循理論的問題才能得到較爲圓滿的答案。

---

❹ 當然，是否所有公正理論都具有這種最低度的瞭解是一個值得爭辯的問題。有些極端的相對主義者，可能會認爲不同的公正理論之間，連這種最低度的瞭解都不存在。他們將這一類的概念，如「公正」、「民主」、「基督徒式的生活方式」稱之爲本質上有爭議的概念（essentially contested concepts）。關於這個詞語及有關的問題，見 W. D. Gallie 的 "Essentially Contested Concepts" 一文。本文收入他的 *Philosophy and the Historical Understanding* 一書中。(New York: Schocken Books, 1964.)

3. 公正的優先性

衡量一個社會的好壞，有許多不同的標準。穩定性、生產力、和諧的程度以及公正等。我們可以分別地用每一項標準來評斷一個社會的好壞。就某一項標準而言，如果一個社會達到了某一種水準，我們可以說該社會具備了某種優點或美德。社會理想 (social ideal) 是所有社會美德的總和，一個理想的社會，是對所有或大部份的社會美德在某種程度上的實現。各種社會美德之間，也有重要性的不同。自由主義者們異口同聲地指出，公正 (justice) 是所有社會美德中最重要的。這個「公正之優先性」(primary of justice) 的論旨是自由主義理論中不可或缺的一個要點。洛爾斯指出：

> 公正是社會組織中最重要的美德，就如真理對一個思想系統的重要性一樣。一個理論，無論是多優雅及經濟，如果是假的話，則我們還是得對它進行修正或摒棄它；同樣的，人的法律與社會組織，無論它們的效率是多麼高並且安排得如何地妥善，如果它們是不公正的，則我們還是得對它們進行改革或放棄它們。……作為人類活動的最高美德，真理與公正都是不能妥協的。(3-4 頁)

為什麼公正是所有社會美德中最重要的？為什麼「公正之優先性」是自由主義理論的不可分割的一部份？這是一個牽涉到自由主義的中心論旨的問題。自由主義者指出，對於「什麼是理想的人生？」這個問題，我們在理論上無法提出一個普遍有效的答案。世界上不存在一個對所有人都適合的人生理想。因此，對於「什麼是理想的人生？」這個問題，我們只能提出一個主觀的答案。所謂主觀，就是指它是由每個人自己去創造及製定的。因此，自由主義的中心論旨之一就是價值上的多元主義。它承認及允許各式各樣的價值體系的存在。這種看法是一種與古代（無論是中、西）的價值觀截然不同的革命性的看法。現代化以前的社會傾向於價值一元論。它總認爲理想的人生具有客觀普遍性。無論這種普遍性的基礎是宗教或形而上的道，但是，它對所有人都有效。這種由客觀主義轉換爲主觀主義的哲學根據，就是休姆 (Hume) 所提出的由實然 (is) 無法邏輯地推出應然 (ought) 這個論旨。實然與應然的二分，是實證論思想的一個重要論點。根據這個論旨，價值並不內在地存在於客觀世界中，它乃是由人或其他有感覺的動物與世界接觸後才發生的。如果人不存在，當我們說某一個事態 (state of affairs) 或物件比另一個事態或物件更有價值乃是一句沒有意義的話。只有相對於人或其他有感覺的存在，我們才能說事態甲比事態乙更有價值。但是，如果價值並不內在地存在於世界中，而是由人或其他生物來賦予它的，則很顯然的，我們就無法由事實中推導出價值來。因此，休姆的論旨有時候也被稱爲「事實與價值之間具有一個邏輯上不可逾越的鴻溝」的論旨。由於價值無法由事實中導出，而只有事實是具有客觀性的，因此，價值的客觀性無法由事實的客觀性來建立，而我們又無法找到其他的東西來作爲奠立它的客觀性的基礎，因此，我們不得不被迫承認它只具有主觀的有效性。休姆這個論旨的影響所及相當的深廣。現代人基本上接受了這個事實與價值二分的看法。有些人甚至把這個論旨叫做休姆的定律 (Hume's law)❺。

隨着價值主觀主義而來的是，理想的政府或社會，在價值問題上應該保持緘默。政府的政策不應該對於某一種生活方式或人生理想有所偏袒。在這裏，人們有權利選擇自己認為理想的生活方式。而政府及社會的功能就是創造一個客觀的環境，讓人們能夠在其中實現自己的理想。這也就是現代政治理論中政教分離的主要意含。政府無權干涉人們的宗教信仰以及價值取向。它只能提供及製造條件讓各種人生的理想盡量得到發展的機會。這是一個對政府的功能的革命性的看法。古代的政治理論（無論中西）總是把道德教化做為政治的最終目的。而現代的政治理論對於政治的功能卻有一個截然不同的觀念，政治不再是道德教化的手段，而是替人民辦事的工具。

為什麼在接受了價值的主觀主義之後，我們就必須接受「公正的優先性」這個論旨呢？這個論旨的要點是什麼？首先，「公正的優先性」所指的乃是，在眾多社會所可能具備的美德中，公正這項美德所佔的地位是最高的。不僅如此，它與別的美德或價值具有質上不同的地位。它是眾價值中的價值(value of values)❻。公正之所以具有優先性，乃因為其他的價值之所以可能實現（無論是個人的或社會的），都是由於公正這項價值的存在。首先，人是社會的動物。只有在社會中人才能發展及完成自己。社

❺ 關於實然與應然之間的關係的辯論，Hudson 將許多文章編成一本書，見 Hudson, *The Is / Ought Question* (New York: St. Martir's Press, 1969)，其中最有名並引起很多討論的文章是 Searle 的 "How to Derive 'Ought' from 'is' ".

❻ 借用 Alexander Bickel 的話。

會的建立，必須要靠一組規則，根據這組規則，我們才可以決定什麼是對的，什麼是錯的。這組規則本身可能是不公正的。當這種情況發生時，那些對該社會不滿意的人，總是有一個道德上的理由來反對該社會，指出其中的不公正，同時指出，由於這種不公正，使得他無法充分地實現他的目標及完成他的理想。當面臨這種情況的時候，社會的穩定及和諧，都會受到影響。嚴重的時候，社會本身的運作，都會受到破壞。但是，當一個社會是公正或幾近公正時，這種情形就不太會出現。當然，即使是在一個公正的社會中，仍然會有人無法實現他的理想，仍然會有人無法完成自己。但是，在一個公正或幾乎公正的社會中，他們卻無法提出道德的理由來指責這個社會。因此，也不會覺得這個社會的基本規則需要修改。一個公正的社會，是一個我們無法由道德的觀點來對它作批評的社會。當然，這並不表示它就是一個理想的社會。因為社會理想除了公正之外尚包括其他的美德。一個公正的社會中，有些別的社會的美德也會隨着它的實現而存在，例如，和諧及穩定。人們對於別的社會美德可能會有所爭論，就像人們對於人生理想會有所爭議一樣。有的人覺得效率是極為重要的一項美德，但有些人卻不把它看得那麼重。在這裏，我們可能也無法有一個客觀的答案。但是，對於公正這項美德，我們卻不得不提出一個客觀的標準。沒有一個社會可以允許不同的公正標準，這就是法國社會學家涂爾幹所說的「每一個社會都是一個道德的羣體」的意思。就這個意義上來講，公正是所有的社會美德中最重要的。上面的分析，也同樣地通用於公正與個人的人生理想。由於人是社會的動物，他只能在社會中實現他的理想，而社會的形成必須靠一套大家共同接受的規則。大家都將力求這套規則的公正以避免由於不滿意而對它提出的批評。因此，在這個意義上，公正是具有優先性的。

4. 公正在社會中的功能

究竟公正在一個社會中所具有的功能是什麼？公正原則在社會中扮演的是什麼角色？要回答這兩個問題，我們必須對於「社會」先有一個概念，不同的社會理論可能對於「社會」這個概念有不同的定義。對於「社會」這個概念了解的不同，也會影響到對公正的了解。洛爾斯再三強調，一個公正的理論是建基在對於社會的了解上的。根據契約論的看法，社會是一羣人爲了個人自己的利益而聚在一起從事一種合作性的活動所構成的一種組織或機構，人們參加這種合作性的活動是爲了實現或完成自己的目標。由於與別人合作能夠使自己的目標及利益獲得更多的實現，因此，人們才一起建立社會。它是合作性的，因爲社會中的每一個成員的活動都必須配合別的成員的活動。一個參與社會的人不能夠想作什麼就作什麼。根據這種契約論式的社會概念，第一，由於人們參與社會的動機純粹是爲了自利，社會只是實現自己目標的工具，因此如果一個人可能在不參與社會的情況下，把自己的目標實現得更多，獲得更多的利益，則他就沒有理由加入社會。其次，人的基本目標是前於社會的。也就是說，人的一些基本目標並不是社會化的結果。這點在所有契約論中，從霍布士、洛克到洛爾斯都表現得相當清楚。

如果把社會了解成一個爲了實現個人利益的合作體的話，很明顯的，我們必須要靠一組規則來規定這項合作該如何進行。由於合作能夠使每個人獲利，因此大家才參加社會。但是，在合作的過程中，利益衝突卻是很難避免的事。由於大家都是自利主義者，每個人都希望由合作中獲取最大的利益，在這種情況下，如果沒有規則來規定利益該如何分配，則合作就不可能。這組用以規定參與者所該享受的權利及利益以及所該盡的義務及責任的規則，是維持社會存在及運作不可或缺的基本要素。我們就將這組規則稱之爲公正原則（principles of justice)。洛爾斯說：

> 在選擇各項社會組織的安排以決定利益分配及承擔起一個適當分配的合約時，我們需要一組原則。這些原則就是公正的原則：它們提供在社會的基本組織中如何指派權利及責任的方法，同時它們也界定社會合作中各人所該獲得的有關利益及負擔的分配工作。（第 4 頁）

公正原則是任何一個社會成立的基礎。它牽涉到權利、義務、利益以及對、錯、道德、不道德等概念。如果我們這樣了解社會以及公正原則在社會中所具有的功能，則涂爾幹那句話——每一個社會都是一個道德的羣體——的意義就變得更加淸楚。因爲每一個社會都是靠一組公正原則才能得以成立。而這組原則是用以界定什麼是對與錯的根據。如果我們把對、錯的範圍限制在分配的問題上，這組原則就是有關分配公正的原則。

了解了公正原則在社會中所扮演的角色之後，接着我們介紹另外一個概念。這個概念就是「井然有序的社會」(well-ordered society)。根據洛爾斯，一個井然有序的社會是一個滿足下列二項條件的社會：(1) 每個成員都接受並且知道其他的成員也接受

同一組公正原則；(2) 基本的社會組織大致上滿足這些原則，同時大部份人也知道這個事實。（第5頁）

洛爾斯對於公正原則及井然有序的社會的定義，給我們一種形式主義的印象。從他的定義中，我們並不能了解到公正原則及井然有序的社會的具體內容是什麼。用公正的作用來界定公正原則，所能做到的只是告訴我們在某個社會中，它所採用的分配公正原則是什麼；但是，它卻沒有告訴我們什麼原則才是公正的。例如，二個不同的社會甲與乙，前者接受效益原則 (the principle of utility)，而後者接受洛爾斯的二個原則。根據洛爾斯對公正原則所下的界說，我們只能說這二組原則都是公正原則。因爲它們所盡的功能都是在分配給參加社會合作者的權利及義務。但是，我們卻無法指出爲什麼洛爾斯的原則要比效益原則更公正。當然，任何一個公正的理論最後都必須提出理由來說明爲什麼自己的原則要比別的原則更公正。一個道德理論中最重要的工作之一就是提出這類的理由。我們可以用一個類比來說明爲什麼只用公正的作用來界定公正並不是完全足夠的。像科學理論一樣，所有嘗試說明經驗現象的理論都可以被稱爲是科學理論。但是，並非所有科學理論都是一樣的好。爲了從不同的科學理論中做選擇，以決定優、劣，科學家必須有一套標準。在這裏，對於經驗現象的說明是所有科學理論所共同具有的功能，但是，只憑這種功能，卻無法決定兩個理論的優劣。這項工作的完成，必須靠一套別的標準。當然，如何區分科學與非科學卻是另外一個問題。在有關公正的問題中，同樣的，我們除了用公正原則的作用來辨別某項原則是否公正原則之外，還需要一套理論或標準來判定二個理論的優劣。同時，我們還得注意是否所有那些扮演分配權利、義務的原則都符合作爲公正原則的資格。洛爾斯就指出過，所有形式的自利主義都不符合作爲道德原則的條件。它們的意義在於它們是對道德觀點本身的挑戰。它們的意義在對於「我應該道德嗎？」這個問題提出一個否定的答案。

同樣的，井然有序的社會，根據洛爾斯的定義，也只是形式的。它並沒有告訴我們什麼社會才是公正的。一個奴隸社會也可能井然有序，因此，也符合上述的二項條件。但是，在今天，很少有人會承認奴隸社會是公正的。

5. 社會基本結構及公正的主題

對於公正原則在社會中的功能以及它的優先性作了上述的分析之後，我們接着要討論的是公正的主題（the subject of justice)。這個問題所關涉到的是，究竟在討論分配公正的問題時，我們的主要研究對象是什麼？

在日常語言中，「公正的」這個詞常被用來形容不同種類的對象。有時候我們說某個人是很公正的，有時候我們也說某人的某項行爲是公正的，有時候我們也會把「公正的」用來形容某一個特定的社會制度。因此，討論公正問題時，我們會面臨一個選擇主題的問題。到底我們是要談人的行爲或是社會制度。同時，究竟公正的行爲與公正的制度之間有沒有任何關係？這些可以被形容爲公正的對象之間，有沒有層次的問題？也就是說，是否其中一些對象的公正問題是較爲基本的？只有在解決了它的公正標準之後，別種對象的公正問題才能被提出來，才有被解決的可能。

儘管在日常語言中，我們用「公正的」來形容上述各種不同的對象，但這並不就表示上述各種不同的對象都可以恰當地被「公正的」這個詞來形容。海耶克（Hayek）一再指出，「公正的」只能被用來形容個人的行爲。除此之外，沒有別的對象是公正的或不公正的。用「公正的」這個詞來形容它們，是犯了一種範疇謬誤(category mistake)。就像我們用「憂鬱的」來形容一塊泥土也是犯了範疇謬誤一樣❼。海耶克之所以有這樣的想法，主要是由於在討論分配公正（distributive justice）時，他的極端自由主義（Libertarianism）的立場認爲，沒有任何標準可以決定一個分配（distribution）是否公正。一般在談分配公正問題時，我們總認爲主要的問題是設立或找尋一組標準，然後根據這組標準來判定某一個分配是否公正。例如，根據各人的貢獻，或根據各人的需要。但是，極端自由主義者，尤其是諾錫克，提出了極爲有力的論證，指出這樣思考公正問題的方式，最後一定導致對個人自由的限制。因此，要處理分配公正的問題，必須換一個角度❽。諾錫克提出一套他稱爲 Entitlement 理論的解決辦

❼ 見 Hayek, *Law, Legislation and Liberty*, Vol. 2. (Chicago: University of Chicago Press, 1976.)

❽ 有關極端自由主義的論點，以及它與自由主義的不同，參看拙作〈自然權利、國家，與公正〉(《知識份子》，第5期，1985年10月）以及〈自發的秩序與無爲而治〉（將出版）。當代最具代表性的極端自由主義者乃是海耶克、弗烈德曼 (Milton Friedman) 以及諾錫克（Robert Nozick)。極端自由主義者指出，他們的主張才是自由主義的原義，他們才是洛克、亞當・史密斯的繼承人。當代自由主義者們所贊成的一些論旨，主要是指福利政策，已經乖離了十七、八世紀的自由主義。見 Friedman 的 *Capitalism and Freedom* 以及 Nozick 的 *Anarchy, State and Utopia*。

法。海耶克則乾脆指出，分配 (distribution) 不能被「公正的」或「不公正的」來形容。如果我們這樣做，就是不了解分配與公正這兩個概念。

雖然海耶克有關分配公正問題的論點有它的重要性，任何一個分配，如果獨立地抽離其他因素來看，並無所謂公正與否。但是，我們卻可以說，如果把別的相關因素加進去（甚麼是相關因素，則因不同的理論而會有所差異），則我們仍然可以討論某一個分配是否公正。退一步說，即使我們無法用「公正的」來形容分配，這也並不表示，「公正的」只能被用來形容個人的具體行爲。我們似乎仍然可以說，奴隸制度是不公正的，因此，它可以被用來形容制度，我們也可以說，南非的種族隔離法律是不公正的。因此，它也可以被用來形容法律。在這裏，海耶克很難指出到底爲何這種用法是犯了範疇謬誤❾。

上面提到，在日常語言中，「公正的」可以被用來形容許多種不同的對象。要研究公正的問題，我們可以選取其中一種或多種對象作爲研究的主題。但是，當我們的研究興趣主要集中在分配公正時，社會制度及法律似乎是最爲恰當的研究對象。事實上，在研究公正問題時，這些不同的主題及對象之間可能有一種階層性的關係存在，也就是說，某一個主題及對象是較爲基本的。只有在解決了它的問題之後，其他的問題才能獲得解決。洛爾斯就是採取這樣的看法。在研究分配公正的問題時，他的研究主題是社會的基本結構 (the basic structure of society)。對於「社會的基本結構」，他給了這樣一個定義：

❾ 事實上，海耶克在上引的書中也承認洛爾斯把社會基本結構作爲研究公正問題的主題是一種合法及正當的 (legitimate) 工作。

> 社會的基本結構意謂着主要的社會機構 (social institu-ticns) 之間，如何互相適調以組成一個系統之方式，以及在通過社會合作中，它們如何分派基本權利及責任以及分配利益。因此，憲法，法律上所承認的財產形式，經濟組織，都屬於社會的基本結構⑩。

從這個定義中，我們可以瞭解到，基本結構並不等於主要的社會制度或機構，而是這些制度或機構如何統合成爲一個系統。這些結構本身是社會合作所不可或缺的要素。它們分派在這項合作的過程中每個參與者所該得到的權益及所該負擔的責任。爲甚麼把社會基本結構作爲研究分配公正的主題呢？它究竟是否較其他的對象更爲根本？

(1) 從契約論的觀點來看，原初的合同 (the original ag-reement) 這個社會契約與成立社會後其中的成員之間個別所訂的合約是不同的。原初的合約是所有社會成員都參與制定的一個合約，而不只是部份成員參與的合約。前者的參與者是以作爲社會一份子（公民）的身份參與，而不是以社會中佔有某一個地位的身份而參與。因此，參與者一律被視爲具有平等及自由的身份。其次，原初的合同的內容是一組根本原則用來規範社會基本結構，因此，由這個合約的性質，我們知道，它是要制定或創造出一個公正的基本環境。只有在獲得這些原則之後，我們才可能在一個公正的環境中進行個別性的合同。就像市場這個制度一樣，只有在某些條件被滿足時，我們才能說在市場中進行的個別

---

⑩ Rawls "The Basic Structure as Subject," *American Philosophical Quarterly*, Vol. 14, No. 2, April 1977, p. 159.

交易是公平的。社會基本結構所提供的正是這種公正的環境⓫。

(2) 除了背景條件的公正之外，一個公正理論還須要考慮立約者本身的問題。在這裏，個人之間的合約無須考慮立約者們的目的以及他們的利益觀念，這些都是事先立約者自己所決定的。但是，一個公正的理論卻必須考慮到社會結構的不同對於每個成員的人生的影響。他不能把這些東西視爲是已經被決定的。一個生在奴隸社會的人與一個生在民主社會的人，他們的慾望、目標都會有很大的不同。不僅如此，個人的聰明、才智是否能得到充分的發揮也與他所處的社會以及他在該社會中所佔的地位有極大的關係。因此，在建立一個公正理論時，社會基本結構似乎是最重要的主題。

(3) 另外一個爲甚麼社會基本結構是分配公正的最基本的課題的理由是，其他有關公正的問題，可能都必須在社會基本結構的公正性建立之後，才能夠得到較爲圓滿的解決。當亞里士多德將公正定義爲不攫取自己本份以外而屬於別人的東西時，他心目中的主題很顯然的是人的行爲。因爲只有在談個人的行爲時，我們才會面對攫取不屬於自己的東西的問題。但是，很顯然的，亞里士多德的這個定義假定了一種產權制度。只有在某一個制度下我們才能肯定某一種東西是否屬於某一個人。在沒有任何產權制度的情況下，我們無法指出甚麼東西是屬於誰的。這裏「產權」一詞可以被廣義地了解。它所包括的不僅是物質財產，也可以包括非物質性的東西，例如發表意見的自由以及人身自由等。因此，由於這個邏輯關係的存在，使得我們在討論公正問題時，不得不

⓫ 見上文，pp. 159–60。

先處理社會基本結構的公正問題。只有在這個主題上得到了答案之後，我們才能處理個別行爲的公正問題。至於怎麼樣的人才算是一個公正的人的問題，可能還要排在公正行爲的問題之後。我們說，一個公正的人是一個具有經常去做公正的行爲的性向者。因此，要知道一個人是否公正，我們所依據的是他的行爲。如果上面對於各種公正的主題的分析是正確的，很顯然的，在討論分配公正時，我們必須先處理社會基本結構的公正問題。

公正論的主題旣然是社會的基本結構，它所要處理的就不是每一個人與人之間的交往上各人應該得到什麼這種微觀式的問題，而是怎麼樣建立起一個公正的社會結構，使得社會中這種個人之間的自由交易得以進行。這點所表示的就是，洛爾斯不把公正的問題看做是一種分派（allocation）的問題，而把它當做一種純粹程序的問題。分派性的公正概念把公正問題視爲一種技術性的行政問題。它採納某一條或幾條實質的分配原則，來分配權益、責任等。這些原則所作的是指出某一種特定的性質，然後根據這種性質做分派的工作。例如，根據各人的需要這個分配原則。它規定了一種性質，任何人符合這種性質的就該按照這個原則的規定得到他所該得到的分配。分派性的公正概念似乎是忽視了社會乃是人們的一種合作組織這個特性。它把分配純粹看作是一種技術性的工作。分派性的公正概念所蘊含的是，在人與人還沒有進行交易之前，我們已經知道了什麼人應該得到什麼。但是，這種知識是建立在什麼基礎上的呢？贊成這種公正概念的人似乎無法提出一個使人信服的答案。

把分配的公正視爲一種純粹程序的問題所蘊涵的是，我們不能把一個分配孤立地來看，指出它究竟是否公正。一個分配是否公正完全看它是在什麼背景下以及按照什麼程序所達到的。如果這樣了解分配公正的問題，很顯然的，社會基本結構就自然地成爲公正理論的主要研究對象了。

第二章　契約、政治權威以及道德原則——傳統的契約論與洛爾斯的契約論

1. 由地位（*status*）到契約

布林屯（Crane Brinton）在《現代思想之形成》一書中指出，現代世界之形成，是建基在一連串的思潮及社會運動上的❶。十四、五世紀的文藝復興，十六世紀的宗教改革，十七世紀的科學革命，以及十八世紀的啟蒙運動，是奠定西方現代世界的幾個主要的思潮及社會運動。十九世紀的工業革命是直接承繼上述幾個思想運動所造成的社會大轉型。許多歷史學家都認為這幾個思潮與社會運動之間有着不可割裂的關係。事實上，這些思潮就構成了現代西方人的世界觀，上述的每一個思潮及社會運動都是這個世界觀的一個面相。現代世界是一個新的典範。這個新典範，用韋伯的話來說，就是在世界解了魔（the disenchantment of

---

❶ 「現代的」（modern），「現代性」（modernity）及「現代化」（modernization）等詞語，在我們心目中有相當高度的情緒意義。我用這些詞時則希望不把這些情緒意義帶進來。現代只是西方歷史上的某一個階段，它有一些特徵。至於它們是否完全是正面的，以及是否有非西方式的現代化，則不是我這裏要討論的問題。

the world）之後所出現的一種理性主義的文化。這是一種特殊的理性主義。現代西方的這種理性也是一種特殊的理性概念；這種經濟或工具性的理性，是一種最低度的理性（minimum rationality）。它對於善、惡完全是中立的。這種建基在經濟理性上的世界觀，表現在科學及知識上的，是一種因果式的宇宙觀；根據這種世界觀，宇宙間的每一個事件都是因果鎖鏈中的一個環節，整個宇宙靠着因果的鎖鏈連接起來，目的這個亞里士多德式的範疇，在這個宇宙中沒有它的位子。斯賓諾莎的哲學把這種想法表現得最清楚。宗教上，這個新的世界觀所強調的是人與神間的直接交通，以及貶低教會在個人靈魂解脫中的地位❷。經濟上的自由放任主義（laissez-faire）理論所提倡的是，政府盡量地少插手，並且也沒有權利干涉人們的經濟活動。在政治及社會上，契約成了一切人際關係的基礎；人民與政府之間的關係是契約式的，人們彼此之間的關係也是契約式的。契約成了政府合法性的基礎。

契約論的出現標誌着現代政治理論的誕生。以契約作為政府的合法性（legitimacy）的基礎則象徵着現代政治的來臨。契約論的出現是針對君權神授及絕對君權等中世紀的政治理論。根據這些理論，君主的政治權力及權利乃是奠基在神意或類似的東西之上，它們不受被統治者的限制。這種政治理論所造成的後果往往是，政治權力變成了肆意的權力（arbitrary power）。肆意的權力是一種以命令統治的政府（government by decree），而不是一種法治的政府（rule of law）。在前一種政治下，被統治者

❷ Harold J. Laski, *The Rise of European Liberalism* (London: George Allen & Unwin Ltd., 1936), pp. 44-49.

能否受到合理的統治，完全要看君主的風格及作爲。因此，君主的道德修養成了政治上清明與黑暗的最重要的因素。中國傳統政治中一再強調聖君的重要性，也是由於傳統的中國政治是一種以命令統治的政治，而不是一種法治的政治。當然，法治的政府與以法來統治（rule by law）並不是一回事。法家的政治哲學提出以法來統治的理論，但卻與現代的法治思想完全是二回事。這兩者的不同，是一個值得作深入分析的問題。

由於絕對君權所造成的結果常是肆意的權力，在這種權力下，人們的財產甚至生命都無法得到合理的保障，這種情況發展到嚴重的時候，有人就會想到是否這種政府背後的政治理論本身有問題。宗教改革的一個極大的成就是把政治與經濟活動世俗化。而世俗化的結果是打破了君權神授這個神話。在宗教改革以前，宗教力量支配着人們的政治及經濟等一切俗世的活動。宗教改革把上帝與凱撒的領域區分開來。由於這種區分，人們必須替這些俗世的活動找尋新的合法性的基礎。政治上，契約論就是在這樣的歷史背景下產生的。首先，人們所想到的是君主與人民之間應該以契約作爲他們之間關係的基礎。逐漸的，人們認爲所有形式的政府都應該建基在契約之上。美國獨立宣言所表現的是這種思想的典型。再進一步，契約被認爲是所有人際關係的基礎。高契爾（David Gauthier）在〈社會契約作爲意識型態〉❸一文中指出，把所有社會關係看作是契約式的這種想法，是現代西方意識型態中最核心的部分。這種思想在霍布士（Hobbes）的極端契約論中表現得最爲突出。霍布士認爲，人際關係只有二種，一

---

❸ David Gauthier, "The Social Contract as Ideology," *Philosophy and Public Affairs*, Vol. 6, No. 2, 1977.

種是在自然狀態（state of nature）下，每個人跟別人都處在敵對的狀態，每個人都把別人當作敵人；另一種是社會狀態，這是人與人靠契約所建立起來的一種合作關係❹。這種想法的擴展，使得今天西方社會把所有人際關係視爲交易行爲，連跟商業相距最遠的婚姻關係，也契約化了。

在這裏，我打算對契約論作一個分析，看看它的理論結構究竟是怎麼樣的。我把傳統的契約論與洛爾斯的契約論作一個對照，指出它們的不同之處。

2. 傳統的社會契約論

在《爲無政府主義辯護》一書中，窩爾夫指出，「政治哲學就是對各種不同形式的合法權威——即，統治的權利，以及它們的原則去進行發現，分析及證明的工作。」❺傳統的契約論者，例如洛克，對窩爾夫這個定義不會提出什麼異議。他們認爲自己的主要工作是對政府的合法性提出一套原則作爲它的理據以及相應地指出，在什麼情況下，人民有政治義務去做某些事情。這兩個問題事實上是一個銅錢的兩個面，當政府在某一個情況下具有合法的權威時，人民也就相應地有一種政治義務。洛克的《政府二論》一書中最主要的問題，就是政府合法性基礎的問題。在面對建立政府合法性的問題時，傳統的契約論者提出了一個清楚而又準確的答案：

---

❹ 見 Hobbes 的 *Leviathan*, 特別是 13, 17, 20 三章。

❺ Robert Paul Wolff, *In Defense of Anarchism* (New York: Harper & Row Publishers, 1970), p. 5.

> 在某一個情況C之下，某一個政治機構（國家）S對某一個人P具有某種權威（authority），只要並且只有當（if and only if）P接受了一個契約A。而滿足A中的規定蘊涵着（imply）在C出現時，S對P具有上述的權威❻。

與此相應的是，

> 在某一個情況C之下，某一個人P有政治義務去作某一件事情N，只要並且只有當P接受了一個契約A。而滿足A中的規定蘊涵着在C出現時，P應該去做N❼。

根據上列二個式子，社會契約是政治權威的合法性以及政治義務的基礎。由於我們接受了某一個契約，而這個契約的履行蘊涵着某個政治機構在某種情況下對我們有權威，相應地，我們對它有某種義務，因此，它們的理據都得以建立在這個契約上。由於契約是一種合同，一般而言，遵守自己所訂的合同是一種道德義務；因此，如果照一項我們所訂的契約的規定，我們有某種義務時，假如我們不去完成這項義務的話，很顯然的，我們就違犯了某些道德規則。這個分析所顯示的是，由契約論所建立起的政治權威及義務，最後必須依賴某些道德原則才能得到保證。

如果契約論以上述的形式出現的話，反對者很容易提出理由

---

❻ 究竟甚麼是一個契約是一個複雜的問題。簡單地說，典型的契約行爲是一種依據法律規則訂立合同的行爲。

❼ 我提出的這兩個式子大部份是遵循 Spencer Carr 所提出的式子。我只做了輕微的修改。見他的 "Contractarianism, and Our Moral Intuitions," *The Personalist*, 56 (1975), pp. 83–95.

把它駁倒。他只需要指出，事實上，幾乎沒有人曾經跟別人或政府訂立過這樣的一種契約。我們生在一個社會中，長大成人，取得一個公民應享的權利及應盡的義務；但是沒有人明確地跟政府簽訂過一項合約，答應服從法律及盡自己的義務。因此，如果契約論者指出，所有政治權威及義務的理據都是這樣一個明確的合同的話，則它們的成立都發生問題。

這個歷史上的事實，給契約論造成很大的困境。在面對這項困難時，契約論者如果想保持契約這個概念在政治理論中的重要性， 他就不得不想一個辦法來解決這個問題 。在碰到這個困難時，絕大部分的契約論者放棄了「明確的同意」(overt consent) 這個概念， 而以「隱然的同意」(tacit consent) 這個概念來取代它。採取這個概念可以使他避免訴諸一個虛構的歷史事件，而又能保存住契約這個概念做爲政治理論的基本概念。根據隱然同意（契約）的理論，雖然我們並未訂過一個明確的契約，但是我們都承擔了一種默契。這種默契跟明確的契約具有相同的效力。因此，契約這個概念仍是政治權威及義務的基礎。當蘇格拉底在《克萊多》(*Crito*) 這個對話錄中說：「無論是誰，只要他對於我們安排公正問題及處理國家事務的方式有經驗，而仍舊留在這個社會裏的話，這就意謂他跟我們有了一個默契 (implied contract) 表示他願意服從我們的命令。」❽ 根據隱然的契約理論，政治權威及義務的根據就變成：

在某一個情況C之下，某一個政治機構（國家）S對某一

---

❽ 柏拉圖，*Euthyphro, Apology, Crito and Symposium,* Jowett 譯 (Chicago: Henry Regency Company, 1953), p. 71.

> 個人P具有某種權威，只要並且只有當P曾經做了某件事N，而P做了N這件事就表示P隱然地接受了一個社會契約A。而滿足A中的規定蘊涵着在C出現時，S對P具有上述的權威。

相應地，

> 在某一個情況C之下，某一個人P有政治義務去做某一件事情N，只要並且只有當P曾經做了某一件事N′，而P做了N′這件事就表示P隱然地接受了一個社會契約A。而滿足A中的規定蘊涵着在C出現時，P應該做N。

一個人究竟怎麼樣才算是隱然地接受了一個契約是一個有爭論性的問題。在上面所引的那個柏拉圖的對話中，蘇格拉底指出，一個人只要對一個社會如何安排公正及處理國家事務有所了解，而仍舊自願地留在那個社會中，就表示他隱然地接受了一個契約。通常我們說，當一個人自願接受一個社會或該社會的法律所提供的保障及利益，就表示他隱然地接受了一項契約。由於這點，因此當我身處的社會的法律規定，在某種情況下，社會或政府對我有某種權威時，這種權威的合法性仍舊得以建立。同時，由於契約是一種合同，在一般情況下，我們有道德義務去遵守自己所訂的合同，因此，通過這項道德原則以及隱然的同意，我們的政治義務得以成立。雖然這種隱然的契約論需要一個額外的步驟才能建立起政府的合法權威以及個人應該履行的政治義務，但是，它最終還是能把這二項東西建立在契約這個概念上。

清楚地勾劃出這二種傳統上的契約論之後，接着我們要問的是：怎麼樣的一個政治理論可以被歸類爲契約式的？這一類的理論究竟有些什麼特點？這二種不同形式的契約論究竟有什麼共同之處？除了這二種形式的契約論之外，還有沒有別種形式的契約論？要回答這些問題，我們所要做的工作是提出一組構成契約論的既充分又必要的條件。假如說，一個理論之所以成爲契約論的條件是，它必須指出實際上存在着一個明確的契約，則很顯然的，隱然的同意說將被排除在契約論之外，因爲這種理論並未要求政治權威及義務必須建立在一個明確的契約上。但是，正如上面指出的，實際上明確的契約很少存在，因此，如果契約論要有廣泛的應用以作爲政府的合法根據，我們必須放棄這個條件。把這個條件用來作爲契約論的必要條件是一種過於強烈的要求。但是，如果我們把這項條件減弱到只要求「隱然同意」，那麼這個問題是否就可以有一個滿意的解答呢？有些人認爲是的，但有些人指出，即使只要求隱然的同意，這項要求仍舊過於強烈，因爲它還是會把一些我們願意接受爲契約式的理論排除掉，例如，假然的契約論（hypothetical contractarianism）[9]。這種契約理論並不肯定實際上人們訂過任何明確的或隱然的契約，但是，契約這個概念卻是政治權威的基礎。常識似乎告訴我們，只要契約

---

[9] 洛爾斯把他的理論稱爲假然的契約論。簡單地說，這個理論指出，在某一個虛構的境況中，人們進行選擇。他們選擇的對象乃是一組作爲規範他們社會的基本規則。如果我們把這個選擇境況界定得妥善，則這些選擇者將會達成一個契約。它的內容就是上述的那組規則。他之所以將自己的理論稱爲假然的契約論，乃是由於這個選擇的境況在現實上不可能存在。假然的契約論只是用虛擬的語態說，如果人們處在某一個環境中，則他們將會做某種選擇。

這個概念在一個政治理論中扮演一個不可缺少的角色，則無論該理論是否肯定有明確的或隱然的契約存在，我們都應該把它算作契約式的理論。因此，雖然假然式的契約論並不肯定任何形式的契約存在，我們仍然願意認爲它是契約論。如果上述的二個條件都過於強烈，那麼我們應該如何減弱它呢？是否只要在一個理論中有「契約」二個字出現，我們就可以把它算作契約式的理論？這個條件當然可以把上述三種不同的契約論都包括進來，但是，這樣做所造成的困難會更大。這個條件很明顯地是太弱了。如果採取這個條件，任何理論都可以變成契約式的。例如，根據這個公式，我們不得不把下列這種完美主義（perfectionism）的理論看作是一種契約論：

> 在某一個情況C之下，某一個政治機構（國家）S對某一個人P具有某種權威，只要並且只有當S對P在C具有這種權威時，人類就能實現在藝術、科學及文化上最高的成就，無論這種權威是否建立在社會契約上的。

同樣的，我們也可以用這個式子建立起個人的政治義務。如果把「人類就能實現在藝術、科學及文化上的最高成就」用「人類會實現最高度的整體效益」來取代，則古典式的效益主義也變成了一種契約論。如果任何理論都可以變成契約式的理論，那麼這個標籤也就失去了它的效用。很顯然的，這個條件是太弱了。要把契約式與非契約式的理論區分開，我們必須找出所有契約論共具的特點，而這個特點是所有非契約式的理論都沒有的。當然，在進行這項工作前，我們對究竟什麼是契約式的理論多少已經有了一個模糊的概念。這裏的工作是把這個概念弄得更加清楚，界定得更加精確。

上面引過寫爾夫對於政治哲學的概念——對各種不同形式的合法權威，卽統治的權利，以及它們的原則去進行發現，分析以及證明的工作——以及與它相應的政治義務的建立。契約論者把自己的理論視爲是對這二個根本問題的解決方案。提出「契約」這個概念就是要指出權威及義務都是由它導出來的。因此，在界定契約論時，我們必須牢記這個特點——契約是一切權威及義務的根據。任何對契約論的界說，都必須指出契約概念是建立權威及義務不可或缺的工具。如果能夠把握住這點，則僅有「契約」二個字在一個理論中的出現，並不能構成該理論成爲契約論的充分條件。根據這點，上述的完美主義及效益主義都不是契約式的理論，因爲雖然「契約」這個概念出現在定義它們的命題集合中，但是，它在該理論中並非導出權威及義務所不可或缺的要素。有了這個了解，我們似乎可以如下地界定契約式的理論：

> 一個政治哲學的理論是契約式的只要並且只有當在該理論中「契約」這個概念是導出政治權威及義務的旣充分又必要的條件。

如果這樣界定契約論，則顯而易見的，傳統上的明確及隱然的同意說，都是契約式的理論。假然契約論究竟能否算是契約式的理論則是一個複雜的問題，需要詳盡的分析才能有較爲精確的答案。我在下面討論洛爾斯的契約論時才來討論它。根據傳統的二種契約論，政治權威及義務只能由社會契約導出來；同時，如果有契約存在的話，則也就有權威及義務的存在，因此，契約是權威及義務既充分又必要的條件[10]。

3. 契約論與忠信原則 (*The Principle of Fidelity*)

釐清了契約論的定義之後，接着要處理的問題是，究竟契約本身是否足夠保證政治權威及義務的成立？是否只要一項契約上寫明了某人在某種情況下有某項義務，他就有這項義務？契約論是否還得假定一些契約以外的東西才能成立？我將指出，契約本身不足以保證權威及義務的成立。爲了保證它們的成立，契約論必須假定一個道德原則的有效性，這個原則就是忠信原則——我們應該遵守自己的諾言。這個原則本身不是契約的一部分，它本身也無法由契約導出；但是，契約的有效性卻必須依靠它。

契約論指出，是一羣人決定訂立一個契約以建立政治權威及義務後，契約中所規定的權威及義務就成立了。但是，這種講法很顯然會使人引起困惑——契約如何能夠造成以前並不存在的權威及義務？下列這個摩爾式（Moorean）的問題「根據我所訂的契約，我有義務去做A，但是我是否眞的有義務去做A呢？」究竟是不是一個自相矛盾的問題[11]。大家都會認爲，它雖然不是自

[10] 除了政治義務之外，我們是否還有別的義務，以及它們的根據是甚麼，乃是一個政治哲學範圍以外的問題，我們在這裏不必討論。

[11] 摩爾（G. E. Moore）指出，「好」(good) 是一個簡單而無法定義的概念。因爲無論你用甚麼別的概念來界定它，例如，可欲的，最後你還是可以不自相矛盾地問「X是可欲的，但X究竟是不是好的呢？」這一類的問題。如果「好」與「可欲的」這二個概念是相等的或同義的，則我們的問題就變成了「X是好的，但X是否是好的呢？」這自然是自相矛盾的。

相矛盾的，但卻是一個沒有人會提出的問題。如果根據契約我有義務去做A，我就有義務去做A這點是再明顯也不過的了。但上述的摩爾式的問題所要追問的就是：爲什麼這種想法可以成立？讓我們舉一個例子來討論這個問題：假設甲、乙、丙三個人住在同一棟房子裏，他們同意大家輪流清掃房子，每人負責二天。甲是星期一及二，乙負責星期三、四，丙則擔任五、六，星期天大家休息。第一個星期開始後，甲和乙在他們負責的日子裏把房子打掃得乾乾淨淨。到了星期五，甲跟乙打算在家裏招待朋友。當他們下班回家時，一進門就發現地上還是髒的，垃圾堆着沒有清理，而丙卻坐在沙發上看電視。甲和乙稍帶怒意地問丙爲什麼沒有清掃房子，出乎意料地，丙反問他們，「爲什麼我要清掃房子？」聽了丙的話之後，甲跟乙大怒起來。他們一齊對丙吼着說：「你答應過大家輪流打掃房子的，今天輪到你，你當然就得掃。」丙聽了他們的話之後，仍然安靜地說：「即使我答應過，但是這並不對我構成義務，因爲在我們的協議中並沒有規定我必須遵守它。」甲與乙氣衝衝地說：「協議就是要遵守的，否則訂協議幹什麼？」在這個想像的例子中，我們會認爲丙在逃避責任同時又缺乏原則，因爲在日常生活裏，如果一個人對別人做了某一個允諾，他總是存心去實踐這個允諾的。如果不是這樣的話，訂合同或做允諾的意義就不存在。有的哲學家甚至認爲，「允諾或協議如何能構成義務？」這個問題是自相矛盾的。色爾（John Searle）認爲，允諾是一種社會制度，它的規則之一就是我們應該遵守它。他指出，提出「允諾如何能構成義務？」這樣一個問題就像提出在籃球比賽中進一個球爲什麼就能得到二分一樣。這是根據籃球的規則而來的，就像我們有義務去實踐自己的諾言乃是根據允諾這種社會制度的規則而來的一樣⑫。但是，當休姆及普里查（H. A. Prichard）把「允諾如何能導致義務？」當做一個哲學問題來探討時，沒有人會覺得他們是在逃避責任或者放棄原則；相反的，大家會感覺到他們發現了一個眞的問題。日常我們只是把它視爲當然，但是，當進一步追問時，似乎很少人能回答「爲什麼一個人有義務遵守他的諾言。」契約論者指出，所有政治義務都是由契約導出的，但是，契約不能以它自己爲對象來保證它的成立，那麼，爲了保證它的成立，我們必須在契約以外找別的東西來保證它的有效性。很顯然的，我們無法用另外一個契約來保證第一個契約的有效性，因爲如果這樣做只是把困難往後推。現在的問題就變爲這個高一層次的契約的理據如何建立的問題了。假如不斷地往高一層次推，則我們將會陷入一種無限後退 (infinite regress) 的困境中。普里查對這種處理方式的懷疑，一針見血地指出了這個困難。他說：

> 允諾(promising)需要我們實際上用到「允諾」(promise)或某些與它同義的詞，例如，「承擔」(undertake)，「同意」(agree)，「向你保證」(give you my word)，或是在「我願意」(I will) 中的「願意」(will)。根據這點，我們至少可以說，當我允諾X做某件事情時，我引起X聽到某些聲音；這些聲音對 X 與我都有某種特定的意

⑫ John Searle, "What is a Speech Act?" 本文收編在 Max Black 所編的 *Philosophy in America* 一書中 (London: George Allen and Unwin Ltd., 1965), p. 224. Searle 用的例子是美式足球中的一條規則，我將它改爲籃球中的一條規則。

義，除此之外，再加上日常用來描述該項行為的一些詞語，使得X相信這些聲音是由我發出的。但是，問題馬上就發生了：「我這樣做怎麼就會使得我有義務要去做那件事情？」答案乎似是：「唯一的可能是由於我已經許諾過，如果我不會去做那件事，則我就不會發出那些聲音以及描述該件事的那些詞語。」假如這個答案是對的，那麼我們所謂允諾去做某件事似乎就是去引起某人聽到一些聲音再加上描述某一項行為的一些詞語，而我早先已答應過，如果我不去做該件事時，我絕不會用這些聲音及詞語。讓我們再重覆一次，當我對X說，「我答應去做某件事」後，我就必須去做這件事的理由乃是，我早先已經對他做過一個普遍性的允諾⑬。

普里查在這段話中所說的是契約論在面對如何保證一個契約的有效性時所可能採取的途徑——訴諸一個高一層次的契約。但是這個辦法最後會使它陷入無限後退的困境。由於這個困難，契約論者不得不走出契約這個概念去找尋一個契約可以成立的根據。傳統的契約論者所採取的正是這個辦法。在前面我們曾經指出過，最後保證契約成立的東西是一個道德原則——我們有義務遵守自己所做的允諾，這個原則有效性的理據並不是契約，而所有契約之所以得以成立卻奠基在這個原則之上。也就是說，契約

⑬ H. A. Prichard, "The Obligation to Keep a Promise", 本文收入他的 *Moral Obligation and Duty and Interest* 一書中 (London: Oxford University Press, 1968), p. 172.

論必須假定忠信原則⓮。由於忠信原則不是契約內容的一部分，因此，守諾也不是一種政治性的義務。它是一種道德義務，它的有效性不僅限於政治領域中。這就是爲什麼許多人都一再地指出，在契約論中，道德義務乃是政治義務的基礎。契約式的政治理論必須在契約概念以外找到一個落腳的地方。就歷史上來看，它的最終落腳處是自然的道德法則，也就是說，契約論假定自然道德法則的理論（natural law theory）。根據這種理論，個人的道德義務是由自然道德法則所規定的。爲了保證契約的有效，契約論者不得不訴諸契約以外的東西。這個事實說明了爲什麼傳統的政治契約論與自然道德法的理論有着牢不可破的關係⓯。

⓮ 洛克指出，對任何不信上帝的人而言，所有的契約都是無效的。洛克這裏假定契約的有效性乃建立在自然道德法則之上，而上帝是這些律則的頒佈者。參閱 David Gauthier, "Why Ought One Obey God: Reflections on Hobbes and Locke," *Canadian Journal of Philosophy*, Vol. 7, No. 3, 1977, pp. 425-446.

⓯ S. I. Benn 與 R. S. Peters 指出：「在十七世紀的理論中，個人擁有各項權利這種想法被認爲是一個人做爲人的內在特性。洛克說：『人生而自由就如他生而是有理性的一樣。』一個人會由於他生爲某個國家的公民而有某些權利；但是無論他到甚麼地方，他的自然權利都跟着他。這些自然權利是『不可讓渡的』，『不能由人爲的辦法來規定的』，『不可廢除的』。沒有政府及人所制定的法律（positive law）可以將他的這些權利剝奪。唯一可以限制它們的是通過擁有者的同意。契約的政府理論與自然權利的理論有着不可分割的連繫。」當然，自然權利是奠基在自然道德法則上的。見他們合著的 *Social Principles and the Democratic State* (London: George Allen & Unwin Ltd., 1955), p. 96, pp. 318-331. 同時參看❸中所引 Gauthier 的文章。

4. 洛爾斯的契約論

這節所要討論的是洛爾斯的契約論。究竟他的理論是否如他所說的是繼承了傳統的契約論？他們的理論是否具有同樣的邏輯結構？根據上面對契約論所下的定義，在這裏我們要問：「究竟洛爾斯的理論是不是一種契約論？」我將指出，他的理論並不是一種契約論，它與傳統契約論的理論結構在形式上是不同的。在導出及建立義務時，他們所訴諸的是不同的東西。在本節中，我們還要解釋洛爾斯所說的一段話的意思。他說：「我所嚐試做的乃是將傳統上由洛克、盧騷及康德所代表的契約論普遍化，且將它推向一個更高的抽象層次。」（序文及第 11 頁。）

洛爾斯把他的理論稱爲一種「假然的契約論」，這意謂着在他心目中，他的理論是契約式的，因此，契約這個概念在導出及建立公正原則時是一個不可缺少的因素。同時，由於它是假然的，因此，在這個理論中，它並沒有肯定立約者們實際上曾經訂過任何協議，無論是明確的或是隱然的。假然的契約論只是一個「思想上的實驗」（thought experiment）。讓我們引幾段書中的話來看看這種契約論的特色：

> 這些公正原則……就是那些自由且具有理性的人，當處於原本平等的境況中，為了增進自己的利益，**將會接受**(would accept)作為他們合作的根本協議的原則。(第11頁)假如經過一系列的假然的合約，我們**將會訂立**(would have contracted into) 一組普遍的規則用以界定我們的

> 社會合作，則我們所處的環境就是公正的。（第 13 頁）我們將指出，某些公正原則可以被證立（justified），因為在一個大家平等的出發點上，大家都將會同意（would be agreed to）接受它們。我已經强調過這個原初的境況（The Original Position）是純粹假然性的。

（第21頁，上引文字中的強調部分是我加上去的）有關原初的境況，洛爾斯作了這樣的描述：

> 在公平式的公正（Justice as Fairness）中，原初的平等境況相應於傳統社會契約論中的自然狀態。當然，我們並不認為原初的境況是現實上的歷史事態，它也不是原始的文化環境。它只是被視為一個純粹假然性的情境。這個情境將會引導到一個特定的公正思想系統（Conception of justice，第 12 頁）。

這幾段文字多少能夠給我們一個洛爾斯的理論的大約輪廓；當然，它們是絕對不足以了解這個既複雜而系統性又強的理論。對這種假然的契約論，我們可以很大略地做這樣的敍述：洛爾斯要求我們想像一個如原初境況所描述的情境，在這個假然的境況中，一羣自利的人，由於想要增進自己的利益，大家一起來合作建立一個社會。爲了達成這個目的，他們共同探尋出一組原則用以規定在將來合作中，利益及義務如何分配。洛爾斯所要證明的是，在原初境況中的立約者，將會選擇他所提出的二個公正原則作爲權益分配的規則。這二個原則就是：

(1) 每個人都有同等的權利擁有最大程度的基本自由。一個人所擁有的自由要與他人擁有相同的自由能够相容。

(2) 社會與經濟上的不平等將以下列的方式來安排：(a)它們對每個人都有利；並且，(b) 它們是隨附着職位與工作的，而這些職位與工作對所有人都是開放的。(第60頁)

很明顯的，立約者們在原初境況中所訂的協議既不是明確的也不是隱然的。不同的契約論，對於自然狀態可以做不同的規定及解釋。洛爾斯把他對它的解釋稱之爲「原初的境況」。他一再強調並提供論證指出，他的解釋是在哲學上最能被接受的解釋。這裏我們將不討論原初的境況是否具有這種特色。我們這裏所要探討的是，假然契約論的理論結構究竟是怎麼樣的？在這種理論中，義務的基礎究竟是什麼？從上面的分析，我們可以說：

在某一個情況C之下，某一個政治機構（國家）S對某一個人P具有某種權威，只要並且只有當某一個假然的契約A將會被處在洛爾斯式的原初境況中的P所接受。而滿足A中的規定蘊涵着在C出現時，S對P具有上述的權威。

與此相應的是：

在某一個情況C之下，某一個人P有政治義務去做某一件事情N，只要並且只有當某一個假然的契約A將會被處在洛爾斯式的原初境況中的P所接受。而滿足A中的規定蘊涵着在C出現時，P應該做N。

在這種假然式的契約論中，權威與義務的理據何在？契約這個概念究竟是否爲它們成立的根據？對於這點，前面我們曾經表示過懷疑，現在就讓我們來探究這個問題。

當有人問傳統的契約論者：「爲什麼我有義務去做A？」這個問題時，他總是可以回答：「因爲你接受了一個契約（無論是明確地或是隱然地），而根據這個契約，你應該做A。」當然，所有契約論者都把忠信原則視爲不成問題的道德原則。因此，只要有這樣一個契約存在，這個問題很容易就得到了解答。但是，對一個假然的契約論者，這種契約卻不存在。當面對這個問題時，他無法像傳統契約論者那樣指出，這個義務乃是根據某一個契約而來的。德窩肯（Ronald Dworkin）說：「一個假然的契約並非一個冲淡了的實際存在的契約，它根本就不是契約。」⑯碰到剛才那個問題時，假然式的契約論所能提供的是這樣的一個論證：「假如某些條件成立，你將會接受某個契約；這個假然的契約規定，你應該做A，因此，你有義務要去做A。」這個答案顯然是無法叫人滿意的。提問題的人仍然會困惑不解，爲什麼一個他實際上並未接受過的契約會對他具有約束力？讓我們用一個例子來說明這種困惑。假如甲開車到高雄去，當他回臺北後，向乙要一半的汽油費用。乙對這個要求感到莫明其妙。他自然就會問：「你發瘋了嗎？爲什麼我要付一半的汽油費？」甲說：「因爲如果你跟我去高雄的話，你就會同意付一半的汽油費；很顯然的，這是一個假然的契約，因此，你有義務要付一半的汽油費。」在這個想像的例子中，誰也都會覺得甲的要求是荒謬的。

---

⑯ Ronald Dworkin, "The Original Position", 收編在 Norman Daniels 所編的 *Reading Rawls* (New York: Basic Books, Inc., 1975), p. 18。

卽使乙事先答應甲說，如果他跟他去高雄，他願意付一半的費用，但是他沒有跟他去這個事實，就足以使乙理直氣壯地拒絕付給甲這項費用。這也就等於說，在這個例子中，假然式的契約，並不能給乙帶來義務。因此，當假然式的契約論者說，假然的契約可以造成義務時，他必須指出，在這類契約中，有某些因素使得這類契約具有約束力。這種因素顯然不存在上面那個例子中。但是，上例中甲所提出的是一個假然的契約，因此，這點使得我們懷疑，在假然式的契約論中，契約究竟是否導出義務的充分條件。

假然契約論者指出，當某些條件 $C_1, \cdots\cdots, C_n$ 出現時，某人就會同意去做A這件事。在上述的例子中，乙可以全心全意地贊成這種講法而仍舊拒絕付款，因爲他可以說，$C_1, \cdots\cdots, C_n$ 並未出現。有時候，一個假然的契約的確會有約束力。我們可以想像一個小學生要求他哥哥教他數學，但是哥哥因爲要看電視所以拒絕他。弟弟會說：「如果媽媽在家，你就會答應教我。」如果哥哥的反應是，「但是媽媽不在家」時，他的確不能理直氣壯地說出這句話。媽媽究竟是否在家跟哥哥是否有責任幫助弟弟增進了解是不相干的。這個哥哥之所以不能理直氣壯地這樣回答是由於他在討論兄弟間的責任問題時，提出了一個不相干的因素。當弟弟提出「如果媽媽在家」這個條件時，他只是把哥哥本有的義務戲劇化，媽媽在家，使得哥哥不敢忽略這個責任。因此，當洛爾斯提出，在原初的境況中，人們會接受某個契約，而他又明知原初境況在現實世界中是不可能實現時，他只是把接受該項契約這件事戲劇化罷了。這個契約中所規定的義務，本來就已經存在；它們的根據究竟在那裏，我們在這裏不用討論，但是，它們並非由契約所導出的。假然的契約是一個不存在的契約。在假然式的契約中，契約的功用只是在提醒我們那些我們本來就已經有的義務，它本身並不能製造義務。

洛爾斯理論的邏輯結構正是這樣。原初境況中的立約者所要選擇的是一組公正原則。雖然這個境況中的各項條件都無法在日常生活中實現，但是，它們是在選擇公正原則時唯一相干的一組條件；因此，即使在日常中無法獲得這組條件，我們仍舊必須模擬化地使它們在我們的思想實驗中實現，然後看看究竟從它們可以導出一組什麼樣的原則。簡單地說，整個洛爾斯的思想實驗就是把我們所已經接受的公正原則用一個虛構的方式表現出來。同理，假然契約論所做的也只是把我們已有的義務以一個虛構的方式指點出來。在談到原初境況這項設計的目的時，洛爾斯曾說：「與社會理論對照之下，我們的目的是去如此地描述這個境況，無論什麼原則，只要它被大家採納，從道德的觀點來看，它就是能夠被接受的。」（第 120 頁）

這段話指出，原初境況這個設計的作用是把一些由道德或公正的觀點看來不相干的因素排除掉；這樣做的話，立約者們最後所達成的協議就是從公正的立場可以被接受的。這點回答了爲什麼人們會對原初境況這個虛構的設計感到興趣，它也同時說明了爲什麼假然的契約具有約束力。

讓我們舉一個例子來說明假然契約論者的推論。假如甲在不需作什麼自我犧牲的情形下，拒絕幫助一個需要他幫助的親人。洛爾斯會指出，他沒有遵照互助原則去做，所以是不應該的。甲會問，「爲什麼我應該遵守這個原則？我從來就沒有接受過這個原則。」洛爾斯會指出，「你應該遵守這個原則，因爲如果你處在原初的境況中時，你會接受這個原則。」甲當然會說：「但是我從來沒有處在原初境況中過，所以它對我是無效的。」這時候，洛爾斯將會回答說：「無論你是否曾經身處過原初境況中，或是否接受這個原則；只要原初境況中的那些條件從公正的立場來看是合理的，則你就應該幫助那些需要你幫助的親人，因爲如果處在那個境況中，你就會接受這個原則。」這個例子可以讓我們清楚地看出，假然契約論中義務及原則的根據是什麼。(1) 對原初的選擇情況作一個描述，而這個描述是立約者們認爲在選擇公正原則時合理並可以被接受的；(2) 根據 (1)，指出立約者們將會達成一個假然的契約（一組原則）；(3) 指出這組原則就是公正原則，它們對立約者有約束力。當然，在這個理論建構的過程中，我們必須能夠證明原初境況從公正的觀點來看的確是合理的。根據這個推論，(2) 可以由 (1) 導出，而 (3) 可以由 (2) 導出。讓我們承認這種推導關係成立。但是，假如這種推導關係成立，則我們可以由 (1) 直接就得到 (3)。我們之所以可以這樣做是由於 (3) 的導出並不依賴 (2)，它只依賴 (1)；事實上，如果 (1) 與 (2) 之間的關係是一種邏輯推導 (logical derivation) 的話，(2) 之成立完全是依靠 (1) 的。因此，接受契約並不能使一組原則成爲公正原則，使得一組原則成爲公正原則的根據乃是原初境況中的那些條件。另一方面，如果它們之間存在邏輯推導的關係的話，有了 (1) 就一定有 (2)。這表示立約者們沒有自由不接受這個契約。如果是這樣的情況，立約者們就失去了在訂約過程中的自由選擇權。立約者們如果沒有這種自由，我們還能說他們是在訂立契約嗎？日常我們對契約的了解是，立約者有自由接受或拒絕一個合約。洛爾斯所提倡的道德幾何學 (moral geometry）與契約論實在是不能相容的東西。

假如再重新考慮上面的例子，我們就會發現這個分析是對的。在那個例子中，我們指出，無論一個人是否實際上接受過互助原則，他都必須遵守它，因爲只要他承認對原初境況的描述是從公正的觀點看來可以被接受的，則這個原則就可以被導出，他也就必須接受它。我們在現實上訂過一個接受這個原則的協議並不會使它增加什麼份量。因此，把契約這個概念取消掉也不會影響這個原則成立的理據。這也就等於是說，在假然的契約論中，公正原則的導出，並不依賴契約這個概念。這就證明了，假然的契約論與傳統的契約論在理論結構上是不同的。這個結論是叫人驚訝的。洛爾斯一再強調他繼承了洛克、盧騷與康德這個契約論的傳統。但是，如果我們的分析是正確的，他的理論並不是契約式。

面對上面的批評時，洛爾斯能夠提出些什麼樣的理由來反駁呢？我想他會堅持，在他的理論中，立約者**將會接受**他提出的公正原則乃是該組原則被導出的不可或缺的條件。假如是這樣的話，他似乎又可以說，社會契約這個概念是公正原則成立所不可缺少的要素了。但是，這個講法並不能經得起仔細的分析。讓我們把剛才提出的論證再作進一步的分析。在邏輯上，如果一個命題B可以從另一個命題A中導出，而A又可以從一組命題C、D及E中導出，則我們可以由C、D及E導出B。在由C、D、E導出B的過程中，把A加在這個推論中作爲一個原始前提是多餘的，因爲，由C、D、E我們可以導出A。用這個邏輯眞理來對假然契約論的理論結構作分析，就會使上面的論點顯得更爲清楚。由於從 (2) 可以推出 (3)，(1) 可以推出 (2)，因此，由 (1)

可以推出 (3)。這表示，(3) 並不依賴 (2)，假如我們有 (1)，就可以有 (3)，當然，有 (1) 也就有 (2)。這個分析也符合我們直觀上對道德原則的了解。這個了解告訴我們，一組原則並不能由於我們對它表示同意就成爲道德原則。一組原則之所以成爲道德原則乃是根據我們爲什麼接受它的理由而取得這種地位的。我們接受 (3) 的理由是 (1) 而不是 (2)，(1) 是 (3) 爲什麼成爲道德原則的理由⑰。即使退一步說，(2) 才是 (3) 的理由或成立的根據，但是 (2) 之所以成立還是靠 (1)，所以，(3) 之成爲公正原則的最後理據還是 (1)。

這段分析把洛爾斯的理論的結構顯得更爲清楚。這個分析告訴我們，由於假然的契約論不肯定任何實際上的契約，因此，在這種理論中，契約這個概念不可能是權威及義務的根據。它們的根據乃是自然狀態中的那些條件。洛爾斯一再指出，對於自然狀態，我們可以做不同的解釋，不同的解釋就會推導出不同的原則。他說：「我們可以推測，相應於傳統上每一個不同的公正思想的系統，都存在着一個對原始情況的解釋，而這個思想系統所包含的原則，就是對該原始情況最好的解決方案。」(第 28 頁)

這句話蘊涵着，如果在原初境況中的立約者選擇了洛爾斯的兩個原則，這乃是由於我們把原初境況規定成那樣所導致的結果。如果我們對自然狀態做不同的描述，則立約者可能選擇效益

---

⑰ 有關這點，Marcus Singer 也提出了類似的講法。他指出，我們可以選擇自己照甚麼原則去行事，但是我們選擇按照一項原則去行事並不能使該原則成爲道德原則。見他的 "The Methods of Justice: Reflections on Rawls," *The Journal of Value Inquiry*, Vol. X, No. 4 (W. 1976), p. 294。

主義。這兩個原則實在是原初境況的函數。選擇並不能使得任何原則成爲公正原則，它只是從原初境況到公正原則這個推導中的一個中間步驟，而不是推導中的原始假設。因此，我們不得不下這樣一個結論：在洛爾斯的假然契約論中，契約這個概念並非不可缺少的。

我們可以從另外一個角度來看這個問題。許多批評洛爾斯的人都指出，所有處在原初境況中的人都有共同的性徵，因此，我們無法將甲與乙分開⑱。在達致協議的過程中，立約者們之間並沒有眞正做什麼討價還價（bargaining）。他們實際上只是在做一個個人的最精明的合理選擇罷了。由於甲與乙沒有任何不同，甲的選擇其實也就是乙的選擇。事實上，甲的選擇就是所有人的選擇。討價還價、妥協等在訂立契約過程中所發生的典型事情都不會出現。如果立約者們在原初境況中所作的只是一個個人的合理選擇，則社會契約這個概念根本就不存在。

5. 道德契約論

最後我想要說明洛爾斯所提的，他的理論乃是將「傳統上由洛克、盧騷及康德所代表的契約論普遍化，且將它推向一個更高的抽象層次」（序文及第 11 頁）的意思。

在討論權威及義務的根據時，由於從傳統的契約論出發，而傳統的契約論大部分是在處理政治上的權威與義務的問題，所以我們也從這個角度來討論契約論的理論結構。但是，洛爾斯處理

---

⑱ 例如 Spencer Carr 及 Marcus Singer。

的主要是公正的問題，更加精確地說，是分配公正的問題，它的主題是社會的基本結構。這是公正問題中最基本的問題。只有在它得到解決後，才能有一個公正的背景，在這個公正的背景下，才能談政治上的權威與義務。因此，對於洛爾斯上面那句話的意思，我們可以這樣解釋：他的理論乃是一種道德契約論（moral contractarianism），它是用契約這個概念來導出道德或公正原則。道德契約論者認爲，契約乃是道德的理據。道德原則比政治原則或法律的抽象層次較高，所以洛爾斯說，他的理論是把傳統契約論推向一個更高的抽象層次⑲。雖然有的時候，道德問題與政治問題很難一刀兩斷地劃分得清楚，道德哲學與政治哲學也很難分得開，有些概念是跨越兩個領域的，但是，我們大致上還是可以把兩個領域中哪些是主要的問題指明出來。洛爾斯根據美國憲法的構想來談道德原則與憲法、立法及執法的四個階段。（第195-201頁）第一個階段是立約者在原初境況中選擇公正原則。這個階段的工作是建立起一些最基本的原則。處在這個階段中的立約者，沒有任何道德規範可以作爲他們的指引，因爲他們所要探尋及制定的正是這樣一組規範，這組規範就是公正原則以及有關個人行爲的公平原則（principles of fairness）。在獲得這組原則後，他們就可以召開一個制憲大會（constitutional convention）。在這個大會中，立約者所要制定的是一部憲法。在制憲

---

⑲ 就這點而言，盧騷乃是洛爾斯的先驅。根據盧騷的理論，在訂立契約以前，人們與野獸無異，他們既不道德又沒有文明。社會契約使得他們進入文明及道德的世界。見他的《社會契約論》，Book 1, Chapter III 及 Book II, Chapter VII, G. D. H. Cole 英譯，J. M. Dent and Sons Ltd. 出版，1913 年。

過程中，他們已經有規範可以遵循，這個規範就是上述的公正原則，而他們所制定的憲法也不能與這組基本規範相違背。再下一步就是立法的工作。這個工作是制定成文法，它們必須滿足公正原則及憲法。最後是法官及有關公職人員執法及制定政策的工作。很明顯的，傳統的契約論主要談的是第二個階段的問題。憲法是一個政治的文件，根據它，立約者同意建立一個政治社會(political society)的組織。洛爾斯的契約對象卻是第一個階段所要選擇的基本規則。他說：

> 特別是，與它相干的合同的內容並不是加入一個社會或是採取某一種形式的政府，而是去採納某些道德原則。(第16頁)
>
> 為了完成這點，我們不把這個原始的契約(The original contract)想作是加入某一個特定的社會或是建立某一種特定形式的政府。我們的主導思想是，這個原始合同的對象乃是建造社會基本結構的公正原則。(第11頁)

由於洛爾斯的理論與傳統的契約論有這樣的不同，所以我們把它叫做道德契約論。我之所以要作這個分別乃是由於這個分別會引導到一個重要的問題：究竟契約論的方法對於建構道德理論是否有效？由於傳統的契約論中，都已經先假定了忠信原則的有效性，因此我們可以說，立約者有義務要遵照他的諾言去做。在道德契約論中卻沒有這個原則可以依賴，因為根據這種形式的理論，所有道德原則都是由契約所導出的，忠信原則又無法建基在契約上(記得普里查無限後退的論點)。因此，我們不得不問，雖然契約論用來建立政治權威及義務是一種有效的途徑，但是，它在建立道德理論時是否有效呢？這個問題我將留在別處討論。

第三章　洛爾斯的二個公正原則

1. 一般的與特定的公正概念

洛爾斯認爲，道德哲學的主要工作是對人們所具有的道德能力或情操提出一套理論的說明，就像語言學的工作是對說某一種母語的人提出一套文法感(sense of grammaticalness)的理論。這類的理論所做的是對我們意識的深層結構(deep structure)的發掘。深層結構的發掘並非只是羅列一組判斷以及支持它們的理由，而是提出一組最普遍性的原則。當這組原則與我們日常的知識與信仰相連在一起時，它們能夠導出一組判斷。這組判斷與我們日常經過深思熟慮的判斷是相合的。因此，洛爾斯的公正論中最重要的工作之一是提出這樣一組原則。

洛爾斯的公正論提出了下列二個原則：

①每個人都有同等的權利擁有最大程度的基本自由。一個人所擁有的自由要與他人擁有相同的自由能夠相容。

②社會與經濟上的不平等將以下列的方式來安排：(a) 它們對每個人都有利，並且，(b) 它們是隨附著職位與工作的，而這些職位與工作對所有人都是開放的❶。(第 60 頁)

上述的第一個原則，被稱爲最大均等自由的原則（the greatest equal liberty principle）（124頁）；第二個原則事實上包括二個原則；(b)部份被稱爲公平的機會均等原則（the principle of fair equality of opportunity），(a) 部份則叫做差異原則（the difference principle）。習慣上大家把第二個原則叫做差異原則。

除了這二個原則之外，洛爾斯又提出了二條優先規則（priority rules）。根據這二條優先規則，最大均等自由的原則與差異原則之間具有一種字典式秩序（lexical order）的關係，同樣的，在第二個原則中，(b) 與 (a) 也具有這種關係。所謂字典式秩序的關係是指，第一原則比第二原則具有優先性，當第一原則沒有被滿足之前，我們不准去滿足第二原則。就像編拼音文字的字典一樣，如果二個字的第一個字母不同，我們把字母佔先的字排在前面。如果二個字的第一個字母相同，則我們看那一個字的第二個字母佔先，而把佔先的排在前面，以此類推。根據優先規則，在某一個情況下，如果只能在提高均等自由與增進經濟利益之間選擇某一項時，我們必須先提高均等自由。只有當大家所享有的自由都均等時，我們才去設法增進經濟利益。（當然，差異原則允許經濟上的不平等）在優先條件有效的情況下，人們不准以基

---

❶ 這是洛爾斯在《一種公正理論》中對於這二個原則第一次的陳述。在書中後面部份，他對它們作了一些修正。對於這二個原則的最後陳述出現在書中的第 302 頁。對於第一個原則，洛爾斯將基本自由中「自由」這個字改爲多數，並加上整個系統 (total system) 這個詞；而在第二個原則中，他則將「對所有人」改爲「對處於最不利地位的人。」在本章中，我們將討論這些修正的意義，以及它們的必要性。

本自由來換取經濟的利益。但是，這個優先規則是在社會經濟達到一定的水準以後才能生效的。在這些有利的條件下，人們的基本欲求已經可以得到滿足，（542-3 頁）同時他們也能有效地運用他們的基本自由（第 152 頁）。在這些條件沒有出現以前，優先規則暫時被擱置在一邊。在這個時候，二個原則就被歸併爲一個原則：

> 所有社會中有價值的東西——自由與機會，收入與財富，以及自尊的基礎——都是平均分配，除非對它們中的任何一種東西或所有的東西作不平均的分配是對大家都有利的。（第 62 及 303 頁）

爲了與上述二個原則所表達的觀念作一個區別，這個原則所表達的被稱爲「一般性的公正概念」（the general conception of justice）；而上述二個原則所表達的則被稱爲「特定的公正概念」(the specific conception of justice)。後者的有效範圍是在一些滿足了上述的條件後的社會，而前者則在尚未滿足上述的條件的社會中有效。那些條件如何才算被滿足並不是一個可以有精確答案的問題。我們只能給一個粗略的估計。貝利 (Barry) 提出像美國、西歐共市諸國，日本、加拿大、澳洲等，毫無疑問地已經達到所要求的水準，東德、捷克等也幾乎可以滿足這個水準。有些國家像蘇聯、阿根廷則可能還有些疑問❷。但是我卻認

❷ Brian Barry, *The Liberal Theory of Justice: A Critical Examination of the Principal Doctrines in A Theory of Justice*, (Oxford: Clarendon Press, 1973), pp. 62-64.

爲洛爾斯上面所列的二個條件並沒有那麼高的要求。在現代社會中，沒有滿足它的國家所佔的數目是很少的。因此，我們將集中討論特定的公正概念。

上述的二個原則所要處理的是分配公正（distributive justice）的問題，它們所要分配的是列在二個原則中的東西。這些東西包括權利與自由，權力與社會，收入與財富，以及自尊（self-respect）。（第 62, 95 頁）洛爾斯把這些東西總稱爲「基本的有用物品」(primary goods)。基本的有用物品的特徵是，它是任何人都需要的。每個人有不同的人生目標、理想，但是，無論你的人生理想或計劃是甚麼，基本有用物品都是必要的。這二個原則很顯然的將社會結構區分成兩個領域，一個是政治的，另一個是社會及經濟的。第一個原則所處理的是政治上的權利及自由的問題，第二個原則則處理社會與經濟方面的問題。這樣劃分當然並不意謂著這二個領域互不相干，否則就不需要優先規則。但是，把基本的有用物品這樣截然分作兩種，似乎也有它的問題。起碼我們該對於這樣的區分提出一些理據。但是，洛爾斯卻完全沒有提供這種理據。

2. 最大均等自由的原則

第一個原則並沒有什麼含混不清的地方。它所討論的是基本自由該如何分配的問題。首先，根據這個原則，所有人的基本自由都是相等的。這些基本自由本身構成一個系統。這個系統包括許多項不同的自由，各項自由之間的關係究竟如何，以及如何計算整個系統的數量，不同項的自由之間是否可以比較等問題，都是値得探討的。但是，洛爾斯也沒有對它們進行討論。他似乎只是假定了整個自由系統（total system of liberty）是一個淸楚的概念，不需要再作進一步的分析。其次，根據這個原則，所有人都擁有最高度的自由（指整個系統），但這點要與別人也擁有同樣的自由相容。基本自由包括那些項目？洛爾斯說：

> 大約地說，公民的基本自由乃是政治自由（投票的權利以及被選的權利），以及言論及集會的自由；良心及思想的自由；人身自由以及擁有（個人的）財產的權利；根據法治（rule of law）這個概念所界定的不被任意逮捕以及拘禁的自由。這些自由全部都是滿足第一個原則的要求所必需的，因為一個公正的社會中的公民都具有同樣的基本權利❸。（第 61 頁）

如果我們稍加思索，就會發現這段話中所羅列的自由，與自由主義者們心目中所認爲的自由是相吻合的，它們也全部都是柏林所謂的消極的自由（negative liberties）。爲什麼把這種自由視爲基本自由，從這些自由中，我們是否可以導出其他的自由，洛爾斯並沒有討論。但是，我想他可以有二個答案來回答這個問題。首先，他可以說，根據歷史的經驗，這些自由一直是人們所追求的，它們的重要性從人類的歷史中顯示出來。其次，無論你

---

❸ 在財產前面洛爾斯加上「個人的」（personal）這個詞的原因是，他認爲他的公正論與私有財產制（private property）或公有財產制都是相容的。但這種講法究竟是否站得住脚，則是値得爭論的問題。

的人生目標是什麼，這些自由都是不可缺少的。如果這些自由被剝奪，有很多人生的理想就無法實現。因此，我們把它們列爲最基本的自由。洛爾斯在這裏可以借用米爾在《論自由》中對於自由的辯護，指出自由乃是人類追求眞理、美，及公正不可或缺的工具，只有在自由的環境中，人才能發展自己所具有的能力，完成自己的理想，維持人性的尊嚴。而這些自由之所以是基本的，乃是由於它們對於這些目標的實現是最爲重要的；其他的自由，例如遷徙的自由，都可以從這些基本自由中導出來。洛爾斯一再強調他在精神上是康德的繼承者，他的理論可以有一個康德式的解釋，因此，他甚至把人的本性看成是自由的。

列擧了這些基本自由之後，接著要問的是，究竟洛爾斯怎麼了解「自由」這個概念？自從柏林在他的就職演講中提出了積極的自由（positive liberty）與消極的自由（negative liberty）之分後❹，政治理論家對於自由這個概念一直在爭論不休。爭論的中心有兩個，一方面大家討論是否有不同種類的自由，另一方面則集中在那一種自由才是眞正的自由。傾向於自由主義的理論家們都贊成消極的自由才是自由這個概念的本義，同時也是值得提倡的自由，柏林甚至指出，積極自由的概念會導致集體主義及極權主義。馬克斯主義者，或對馬克斯主義同情的學者則指出，積極自由的理論並不會導致柏林所說的後果。只是自由主義者們對

❹ 見 Isaiah Berlin 的 "Two Concepts of Liberty"，本文收在他的 *Four Essays on Liberty* 一書中（London：Oxford UP, 1969）。對於 Berlin 的批評，則見 C. B. MacPherson, "Berlin's division of Liberty", 本文收在他的 *Democratic Theory* (London：Oxford UP, 1973).

積極自由這個概念的誤解，才使得他們以爲這個理論會導致極權主義。消極論者強調自由這個概念是與沒有束縛(constraint) 不可分的，而積極論者則認爲，自由與你有能力做什麼這點不可分，因此，前者強調從某些束縛中解放出來（Free from)，而後者卻強調能自由地去做（free to do, act...）。1967 年馬考倫（G. G. MacCallum）寫了一篇叫 "Negative and Positive Freedom" 的文章❺。在這篇文章中，他把「自由」看成是一個牽涉到三個項目的（triadic）概念。這三個項目是「人」、「束縛」以及「行爲」。當這樣了解「自由」時，消極論與積極論的了解就顯得都是片面的。它們只強調了自由的一個因素，而忽略了另一個因素。根據這個三項目式的了解，「對於自由的一般描述就具有下列的形式：這個或那個人（或是多數人），是自由於（或不自由於）這種或那種束縛（或是一組束縛），去做（或不去做）某件事。」（第 202 頁）這個概念中，我們也可以把人這個概念延伸到團體，或社羣。洛爾斯對於自由這個概念完全是接受了馬考倫的說法而把它視爲一個三項目式的概念 。(201-202 頁）他認爲消極論與積極論之間的爭辯並非自由這個概念具有歧義，而是兩者所強調的面不同。消極論者強調束縛的解除，而積極論者則強調去做某件事的能力。但是，三項目式的了解所顯示的則是，這二者都是自由這個概念所不可或缺的成素。

但是，我剛才指出，洛爾斯在第一個原則中所列舉的自由與自由主義者們所提倡的自由是相吻合的。這點使我們不得不懷疑，雖然洛爾斯說他接受了馬考倫所提的三項目式的自由概念，

---

❺ 登在 *Philosophical Review* 上，Vol. 76 (1967), pp. 312–34.

但事實上他仍傾向於消極論者的主張。這點從他對「束縛」這個概念的了解可以進一步的展示出來。對於「束縛」或「限制」的了解，洛爾斯大致上追隨米爾，他認爲束縛所指的是法律上所規定的責任及禁制，以及公眾輿論及社會壓力的影響。根據這種自由主義式的對束縛的了解，一個人只有在受到法律限制或社會壓力的情況下，他才是受束縛的，如果這兩種因素都不存在，束縛也就不存在，因此，他也就是自由的。這樣的了解，與「自由」的三個項目中的第三項有什麼關係呢？很顯然的，卽使一個人完全不受到法律及社會壓力的限制，他仍舊可能無法做許多事情。因此，根據三項目式對自由這個概念的了解，他還是不自由的。洛爾斯以及米爾這種對於「束縛」的了解，最顯然的特點就是沒有把經濟因素考慮進去。讓我們舉幾個例子來說明這點。假如根據法律的規定，大家都有同等的權利參與政治，但是，富有的人比窮人有更多的能力去選擇他認爲適合的人選，他也比窮人更有能力去影響輿論。因此，很顯然的，政治參與的自由對富人來說要比窮人大得多。其次，假如根據法律的規定，大家都有同等的權利接受公平的審判。但是，富人有錢可以請好的律師替他辯護，窮人卻沒有這種能力。因此，公平審判的權利似乎也就變得不平等。最後，法律假如規定，人人都有相同的表達自己意見的權利，但是，富人有更多的機會來表達自己的意見，由於他有更多的機會接觸及運用新聞媒介❻。這些只是很顯著的例子。在一

❻ 這三個例子都是借用 Norman Daniels 的。這裏對於經濟因素的重要性的論證也大部份都是借用他的。見他的 "Equal Liberty & Unequal Worth of Liberty"，本文收在他編的 *Reading Rawls* (New York: Basic Books, Inc., Publishers, 1975), pp. 253–281。

個財富分配很不平均的社會，自由上的不平等大半以更爲隱晦不易察覺的方式表現。意識形態在這裏扮演著極重要的角色，它常常使那些享有較少自由的人認爲自己並沒有享有較少的自由。重要的是，上面所舉的三個例子，都不是對於法律及自由的濫用所造成的結果。它們完全是合法的。

這種事件之所以發生，就是因爲在了解「束縛」這個概念時，我們把經濟因素完全排除掉。現在我們要問的是，有什麼根據要把經濟的因素排除掉？這樣做究竟是否能夠站得住腳？有些消極論者指出，當考慮「束縛」這個概念的時候，我們只把法律的因素列爲考慮的對象，而因濟經濟因素並非法律因素，所以不把它包括在束縛內。但是，剛才已經指出，洛爾斯並不是這樣界定「束縛」的。他同意米爾把非法律的因素，如公眾輿論及社會壓力也包括在「束縛」這個概念中。因此，他不能提出這樣的一個答案。他們必須指出社會壓力與經濟因素對人所造成的限制在質上是不同的。也許他們會指出，社會壓力是由外在的因素加到受壓者之上的，而經濟因素卻像人的能力一樣，並非外在壓力，而是內在的壓力。例如一個不會駕駛汽車的人，沒有自由能把汽車開動一樣。但是經濟因素眞的像這種內在的能力而不是外在的因素嗎？假如我受到周圍人的壓力而限制了自己不敢買一件貴的衣服，在這個情況下，我失去了買這件衣服的自由，但是，如果由於我沒有錢而不能買這件衣服，我也同樣地失去了買這件衣服的自由。如果我把這件衣服據爲已有，我就會被迫歸還，或受到更大的外在壓力，例如被捕。當我不會駕駛時，我根本無法開動一部車，這是內在的能力限制了我。但是當我沒有錢時，我還是可以有能力穿上那件名貴的衣服，只是外在環境不允許我這樣做罷了。因此，經濟因素似乎與外在壓力的相似性要大過於與內在能力的相似性。我這裏所要指出的是，洛爾斯及米爾如果把社會輿論也看成是對自由的一種束縛，則他們就沒有理由不把經濟因素包括進去。他們不能說，這是我們對自由的定義。因爲我們可以指出，根據你的定義，經濟因素並不應該被排除，就像一個人替「大學」這個概念下定義，他說：根據他的定義，臺大、政大、北大是大學，但中大不是大學，我們會問爲什麼？他說，這是他的定義。但是如果他不能指出中大與其他那些大學有任何相干的不同，他把中大排除在大學之外的這個做法就是沒有根據的。洛爾斯、米爾以及柏林等消極論者在這裏所犯的正是同樣的錯誤。退一步說，即使只把法律因素做爲束縛的定義而不把社會壓力考慮進去，我們仍然不能把經濟因素排除在束縛這個概念之外。經濟關係在一個社會中是由法律所造成的。法律是造成財產權——包括擁有權、轉讓權等的根據。沒有法律條文的規定，這些經濟上的因素就不存在。我之所以不能隨心所慾地把一件貴的衣服拿來穿，乃是由於法律規定那件衣服的主人對於它有財產權，而這項法律上所規定的財產權限制我把它拿來穿的自由。

極端自由主義者 (Libertarian) 如海耶克及諾錫克，在碰到上述這種困難時，乾脆就把平等這個理想放在次要的地位，而維持自由的獨特性。爲了使人的自由，尤其是無限制累積財產的自由得到保證，他們把對於平等的要求減到最低的程度，在這種最低程度的平等下，平等只意謂著形式的平等。形式的平等所要求的只是法律對所有的人一視同仁。在這種最低度的平等概念下，人們所能要求的，只是同樣的事件要以同樣的方式來處理 (similar case be treated similarly)。除了這點之外，平等這個概念就不包括別的東西了。洛爾斯認爲這個最低度的平等概念是不足的。在談到差異原則時，我們會再詳細討論這個問題。但是，他怎麼面對上述的兩個難題呢？當自由主義者認爲僅有形式平等是不足時，而又不願意把經濟因素包括在束縛這個概念中時，他們如何應付這種做法所帶來的困難。幾乎沒有例外地，他們的辦法是提出一個區別來，這個區別使得他們能夠把經濟因素排除在對自由的束縛之外。洛爾斯提出的區別是自由與自由的價值(worth of liberty) 的區別（204 頁)。柏林所提出的則是自由與自由的條件（conditions of liberty）的區別❼。根據這種區別，一個人如果只是由於經濟的因素而不能自由地去實現自己的目標時，他所缺少的並非自由，而是自由的條件，他所擁有的自由並不比一個有經濟能力去實現自己的目標的人要少，而是自由對他的價值比那個人要小。因此，我與洛克斐勒具有相等的自由，只是自由對他的價值比對我的價值要高而已。洛爾斯說：

> 由於貧困及無知，或是更普遍地說，缺少有效的工具而對於自己的權利及機會沒有能力善加利用，有時候被視為是一種對自由的束縛。但是，我卻不認為是這樣，我的想法是，這種種情況所影響到的只是自由的價值，它所影響的是第一個原則中所規定的各項權利對於那些不能善於利用它們的人的價值。（第 204 頁）

但是，如果想要用這種區分來證明經濟因素並不是對於自由的束縛的話，這個論證就犯了乞題的謬誤（begging the ques-

❼ 有關柏林的區別，見上引書中的導言。

tion)。因爲這個自由與自由的價値或條件之間的區分本身就是把經濟因素排除在對自由之束縛因素以外才能成立的。即使這個區分可以成立，我們也會懷疑，一個人如果不能有效地去運用他的自由，以實現自己的目標，則自由究竟有什麼價値。在洛爾斯的理論中，我們尤其可以指出的是，如果立約者們認爲大家具有同等的自由才是合理的選擇，則他們是否也必定會認爲大家也應該具有相等的自由的條件❽？

3. 差異原則

社會與經濟上的不平等將以下列的方式來安排：(a) 它們對每個人都是有利的；並且，(b) 它們是隨附著職位與工作的，而這些職位與工作對所有人都是開放的。

洛爾斯第二個原則所要處理的問題是，除了基本自由以外的基本有用物品的分配問題。這些基本有用物品包括財富、收入、機會、權力等。這個原則所想要建立的是，對於這些基本有用物品的不平均的分配如何可以被接受？這種不平均的分配的理據何在？這個原則包括兩個部分。第一部分所處理的是由職位與工作的不同所帶來的社會與經濟上的不平等該以什麼原則分配的問題。這個原則指出，這種不平等如果能被接受，則它們必須是對每一個人都有利。第二個部分所處理的是有關人們應該有什麼機會獲得這些工作與職位的問題。這個原則告訴我們，大家都應該有均等的機會去獲得這些職位與工作。(a) 被稱謂差異原則，

---

❽ Daniels 在上引的文章中強有力地對這點提出了辯護。見 *Reading Rawls*。

(b) 則叫做公平的機會均等原則。但習慣上大家把這兩部分合起來稱爲差異原則。差異原則所要證明的是，根據這個原則所造成的社會與經濟上的不平等是公正的。

在這個原則中，含有二個歧義的詞。在 (a) 中的「對每個人都是有利的」以及 (b) 中的「對所有人都是開放的」這二個詞都有二種以上的意義，因此，第二個原則至少可以有四種不同的解釋：每一種不同的解釋可以引出極爲不同的公正體系。洛爾斯將這些可能的解釋列成一個表：（第 65 頁）

	對每個人都是有利的	
對所有人都是公平地開放	效率原則	差異原則
平等乃指工作職位對有能力的人開放	自然自由系統	自然的貴族系統
平等乃指機會均等	自由主義的平等	民主的平等

這個表的讀法是，如果把「對大家都是開放的」解釋成職位與工作對有能者開放，而「對每個人都有利」解釋成效率原則，則我們所得到的是自然自由的系統。其餘的解釋可以以此類推。自然的自由系統對於第二個原則的解釋將是：一個社會的基本結構如果滿足效率原則，而在這個系統中如果職位是對那些有能力並且願意去爭取它的人開放，則它將會導致一個公正的分配。當然，在自然自由系統中，工作、職位在形式上對所有人都是開放的，否則它就變爲一個地位的社會（status society）。但是，這種開放純粹只是形式的。在這個系統中，基本結構並不保證實質上的機會均等。我可以借用柏納・威廉斯（Bernard Williams）的一個例子來說明這兩種不同的機會均等概念❾。例如在一個階

級社會中，武士是受尊敬的職業，它的收入、社會地位、權利等都是大家所羨慕的。在這個階級社會中，只有武士階級的孩子才准做武士。很顯然的，這不是一個機會均等的社會。假如由於某種理由，這個社會做了一種改革，而允許所有階級的人都有機會做武士。但是，做武士卻必須具備許多條件，身體與心智都要比一般人優秀，而在這個社會中，只有武士的家庭可以提供他們的孩子好的營養及教育，使得他們的身體及心智可以有好的發展，農民及工人的家庭無法提供這種營養及教育，因此，他們的孩子能夠做武士的機會還是非常少。在這個改革之後的社會中，機會均等並非完全不存在，但這種均等只是形式上的，武士的工作只是對有能力的人才開放，而農民的孩子能夠具備這種條件的機會比武士之子要低得多。就這個意義上說，這種機會均等只是形式而非實質的，因為實際上，在這個制度下，只有武士之子有機會獲得武士這種工作。自然自由系統認爲人類對平等的要求到此已經足夠，同時最多也只能做到這點。

所謂效率原則（the principle of efficiency）就是指帕雷妥的最高效益（Pareto optimality）。這個原則在價格理論及社會選擇理論中被應用得極爲廣泛。讓我們看看它在後者中的應用⑩：

(a) 假如一個社會中所有的人對於二個社會情況X與Y的出

---

⑨ Bernard Williams, "The Idea of Equality", 本文收在 Peter Laslett 及 W. G. Runciman 所編的 *Philosophy, Politics and Society*, Second Series 中 (Oxford: Basil Blackwall, 1962), pp. 101–31。

⑩ 有關這個概念，參看 A. K. Sen, *Collective Choice and Social Welfare* (San Francises, Holden Day Inc., 1970), p. 21.

現，沒有任何偏好，則我們說，社會本身對於X與Y之間也沒有任何偏好；(b) 假如至少有一個人認爲X絕對比Y好，而社會上其餘的人則對X與Y之間沒有偏好，則社會本身應該認爲X比Y要好。當(b) 的情況出現時，我們說X是帕雷妥式地比Y要好。根據上面的定義，帕雷妥最高效益就是：在面臨一個選擇情況時，這個集合（所有可能被選的項目）中的一個份子X是具有帕雷妥最高效益的，如果沒有其他的選擇是帕雷妥式地比 X 要更好，也就是說，不可能有其他的一個份子Y，大家都認爲Y至少與X一樣好，而至少有一個人認爲Y絕對地比X好。

把帕雷妥最高效益應用到分配問題上來解釋對每一個人都是有利時，就變爲：一個分配X是具有帕雷妥最高效益的，如果不可能有另外一種分配辦法Y，在其中所有人得到的與在X中一樣多，而其中至少有一個人所得到的卻比在X中要多一些。很顯然的，如果我們可能採取Y，則X必定不是最有效的分配辦法，因爲照Y這個辦法分配，所有的人得到的至少與X中一樣多，而卻至少有一個人得到的要比X中多一些。因此，在一個具有帕雷妥最高效益的分配中，我們不可能在不使其中有些人（至少是一個）獲得較少一點的情況下，使另一個人獲得較多。（第67至72頁）這個對帕雷妥最高效益的解釋很清楚地顯示出它與我們直觀上對公正的瞭解是有很大差距的。假定被分配物的總和不變，我們可以有無數的帕雷妥最高效益。卽使一個奴隸的社會也可能符合帕雷妥最高效益的原則，因爲在那個分配狀況下，我們不可能使其中一個人（奴隸）獲得更多而不減少別人（奴隸主）所擁有的東西。

假定有一定量的東西分配給 X_1 與 X_2 兩個人。假定AB曲線

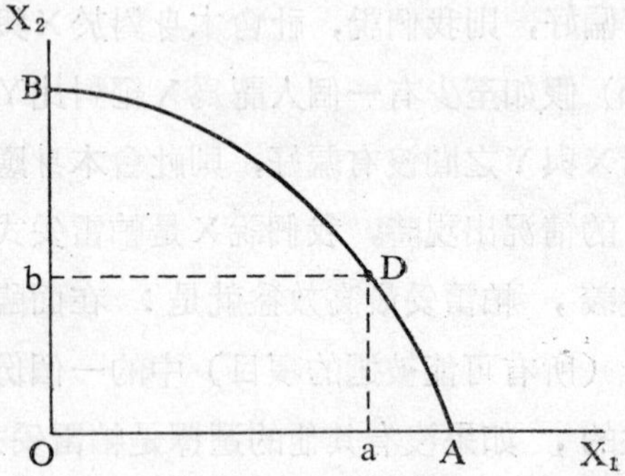

代表所有的點，這些點代表如果 X_1 得到一定量的東西，則我們無法使 X_2 得到比該點上顯示的更多的東西。現在假定選D這一點 (D＝a, b)。如果 X_1 得到 a 這麼多的東西，則 X_2 最多所能得到的是 b 份量的東西。在圖中，O點表示分配還沒有進行前的狀況。AB 曲線上的所有點都是最有效率的分配。它上面的每一點都滿足帕雷妥最高效益，因爲它上面的每一點都表示如果 X_1 得到一定量的東西，則該點就是 X_2 所能得到最高的點。在這點上，我們不可能使得 X_2 得到更多的東西而不減少 X_1 的所得。由於我們假定物質的總量不變，所以某一個人得多一點的話，則另外一個人就少一點，所以，這個曲線是向下彎曲的。很顯然的，我們有無數的最高效益點。效益原則並不能使我們決定該選擇那一個點。當我們只採用這個原則做爲分配原則時，所有 AB 上的點都是一樣地好，而當我們把「對每個人都是有利的」解釋成效率原則時，我們無法決定那一個點才是公正的。要解決到底 AB 上的那一個點才是該選擇的點，我們必須借助別的原則。(67-71頁)

在自然自由的系統中，某些條件限制了效率原則。如果這些條件被滿足了，則根據效益原則而來的分配就可以被接受。這些條件包括了基本權利的平等（洛爾斯第一原則中的所有權利），以及工作職位對有能力的人開放等法律上的保障；它並且假定了一個自由競爭的市場經濟。在滿足了這些條件之後，由於自由競爭的結果所造成的任何財富分配都是公正的。自然自由系統深深地瞭解到，我們無法找到一個有關怎麼樣的財富分配才是公正的客觀標準，因此，在談分配公正的問題時，我們所能訴諸的只是一套程序，如果在人的互動中沒有違犯任何程序，則無論最後導致怎麼樣的結果，我們都不能說它是不公正的。從經濟學的知識中我們知道，在一個自由競爭的市場經濟中，某一個分配之所以會出現，是由該分配之前的資產的分配所導致的。這種資產包括當初的財富以及能力的分配。也就是說，如果在 S_1 的情況下，財富與自然能力的分配是 D_2 的話，則在一個自由競爭的經濟中，人們互動的結果所產生的另一個分配 D_3 常是由 D_2 所決定的。如果由 D_2 到 D_3 完全符合上面所規定的條件，則如果我們無法說 D_2 是不公正的，我們也就必須接受 D_3 是公正的。同理 D_2 之所以是公正的乃是由於它由一個更早的分配 D_1 而來，在由 D_1 到 D_2 的過程中沒有違反任何上述的條件，這樣一直推下去，上索到最早的階段，在這個階段中，只有自然能力的不同。人類天生有不同的能力這回事既不是公正的也不是不公正的，它只是自然的現象。由此而導出的分配，也不能說它是不公正的。自然自由系統的最大特色是它完全不認爲社會與自然的一些偶然因素（能力與財富與地位的分配），是在討論分配公正時應該考慮的因素。他們甚至認爲在這方面幸運的人是有權利享受這種幸運的。海耶克對這種想法表現得最爲徹底。他說：

> 從個人主義的觀點來看，似乎不存在任何理由來禁止人們從那些並非他們努力所獲得的益處，以使得所有的人都從相同的水平出發。這些非個人努力所獲的利益包括生在一個比一般人的父母要聰明及較盡責的家裏⓫。

在這些並非由自己的努力所獲得的利益中，海耶克只舉了父母有較高的智力與責任心，當然它們也沒有理由不包括財富、社會地位、特權等。因此，像剛才所舉的威廉斯的那個例子中的武士階級的孩子所享有的特權，在自然自由的系統中，不會被認爲是不公正的。這個系統的最大特色是把由自然及社會的偶然因素所帶來的幸運與不幸都視爲是被公正所容許的。但是，從道德的觀點看來，這些因素似乎都是不相干的。

自由主義式的平等系統（效率原則及平等乃指機會均等）認識到自然自由系統的這個缺陷，因此，在這個系統中，「對所有的人都是開放的『被解釋爲』平等的機會均等『而不是』工作職位對有能力的人開放」。他們這裏所瞭解的機會均等並非只是純粹形式的，而是實質性的。所謂實質性的機會均等就是把社會上的偶然因素盡量地減低到最低的程度。因此，根據這個系統，在上述的武士例子中，自由主義式的平等系統將會贊成讓農民的孩子有足夠的營養以及教育，以使得這些社會因素所造成的不平等能夠減到最低的程度。這意謂著可能要由稅款來支持教育及其他

⓫ Friederich A. Hayek, "Individualism, True and False", 本文收到他的 *Individualism and Economic Order* 一書中 (Chicago: Univ. of Chicago, 1948), Gateway Edition, published by Henry Regency Company, p. 31.

方面的東西。他們之所以這樣做的理由乃在，這些社會因素使得人從不同的出發點出發，但是，允許這種現象存在是不公正的。因此，社會系統應該盡量地減少這種因素的存在，使得出生在不同階級，而又具有同等自然能力的人，都有相同的機會完成他們想做的事。自由主義式的平等系統很顯然地比自然自由系統更接近我們日常的道德觀點。但是，它們仍舊沒有把人的天生能力的差異這項因素考慮進去。因此，兩個聰明才智不同的人，他們的人生展望在自由主義的系統中仍是不同的。

洛爾斯對這兩種平等的理論提出了批評。簡單地說，他認爲從道德的觀點來看，一個人不能對於他天生的才能及後天所生在的環境負責，因此，一個社會制度的分配原則如果把這些因素做爲分配的標準，則很顯然它是獎賞及責罰人們所具的某些他們所不能負責的性徵及際遇。從道德的觀點來看，這是不能被接受的。自由主義的平等系統雖比自然自由的系統進了一步，但是它仍不夠徹底，因爲它仍沒有把天生的因素考慮進去。

詳細地討論了上述的兩個系統後，我們可以更清楚地對照出民主的平等這個系統的特色。上述兩個系統都把「對所有人都是有利的」解釋成效率原則。但是，這個原則本身卻無法在眾多的帕雷妥最高效益中選擇出某一個特定的分配做爲公正的分配，因爲所有的帕雷妥最高效益都是一樣好的。這就像效益原則（the principle of utility）在兩個具有同樣效益的分配中無法選擇其中的一個一樣。效率原則之所以無法辦到這點乃是由於它在解釋「對所有人都是有利的」這個概念時，沒有能夠特別地挑出一組人，從他們的觀點來看分配的問題。差異原則所要做的正是這點。但是，我們該挑出那一組人，從他們的觀點來看分配的問題呢？

差異原則指出，在這裏，我們所應該採取的是「處於最不利的地位的人」(the least advantaged) 的觀點。由於不採取任何人的觀點所造成的結果事實上是只注重量而不注重分配，他們所犯的錯誤正像效率主義所犯的錯誤一樣 —— 把和個人無關性 (impersonality) 視爲公平無偏性(impartiality)。(第190頁) 這樣的做法，事實上有時候並不是對大家都是有利的。因爲有時候爲了達到最高的效率及效益，我們必須犧牲某些人的利益；在這種情況下，一個符合效率及效益原則的分配，對於這些被犧牲的人就不是有利的。在最極端的情況下，效益主義有時候甚至不得不接受奴隸制度，因爲在那種情況下，奴隸制度所能製造的效益是最高的。效率原則及效益原則之所以有可能導致這種結果的原因之一，就是由於它們把和個人無關性與無偏性混爲一談。洛爾斯在指出這點之後，緊接著就指出，爲了要眞正達到「對每個人都是有利的」，我們必須從「處於最不利的地位」的一組人的觀點來看不平等的分配這個問題。所有的不平等都必需要是他們認爲能夠接受的，「對每個人都是有利的」才可能實現。公平式的公正 (Justice as Fairness) 之所以挑選「處於最不利的地位」的這組人的立場來看不平等分配的問題乃是建基在一個對自我(self) 的看法上。這個對「自我」的看法是由康德以來的「義務論式的自由主義」(Deontological Liberalism) 者所一貫採取的。這個對自我的概念與「公正的優先性」(the priority of justice) 這個論旨有極爲緊密的關係。義務論式的自由主義者認爲一個人的欲望、要求、需要甚至目標都不是構成這個人自我的要素，因爲這些東西都是可以改變的。構成自我的唯一要素是「選擇」這個能力。選擇是一個人不斷必須面臨的狀況，而自我之所以能構成一個自我，就是由於這個選擇的能力。這種對自我的瞭解有時被稱爲自由主義式的自我（the liberal self），有時被稱爲「選擇式的自我」（the choosing self）⑫。這種對於自我的瞭解，很容易導致資源的平等主義（asset egalitarianism）。而差異原則採取「處於最不利的地位」的人的觀點來看分配問題，最重要的理據之一也就是資源的平等主義。資源的平等主義所主張的是，每個人所具有的聰明才智並非屬於他個人所獨佔的資產，他並不對它們擁有獨佔權，這些聰明才智是大家所共同擁有的社會財產。因此，他不應該單獨地享有這些聰明才智所給他帶來的成果。

瞭解了什麼是資源的平等主義之後，我們有二個問題要討論。第一，資源的平等主義究竟能否被接受？第二，資源的平等主義爲什麼使得我們把「處於最不利的地位」的人的觀點做爲評估不平等的分配的觀點。有關第一個問題，贊成資源平等主義的人可以提出這樣的論證。在日常生活中，尤其是在法律事件中，責任以及應得的賞罰(desert) 這二個觀念與某人是否是一件事情發生的原因，以及他是否有能力控制該事件的發生或不發生有不可分割的關係。一個人如果做了一件他所無法控制的事的話，無論這件事的後果是好是壞，他都不能負責。一個被強迫打了一針後神智不清的人，如果去殺一個人，他對這件事情在法律上沒有責任；同樣的，一個人如果不是在自己所能控制的情況下，做出了一些成果，他也不能宣稱這是他的成果。這種看法似乎與我們

---

⑫ 有關對這種自我的概念，見 M. Sandel, *Liberalism and the Limits of Justice* (London: Cambridge UP, 1982).「選擇式的自我」這個概念是從 Sandel 書中借來的。他對它有極精微的分析。

的深思熟慮的判斷（considered judgement）相符合。如果這種想法是合理的話，則出生在什麼社會地位的家庭這件事，就不應該決定一個人的命運，因爲，這件事並非由於他的自願的行爲所造成的結果。因此，一個出生於社會地位較低的家庭的人固然不應該因此而受罰，同樣的，一個出生於社會地位較高的家庭的人也沒有理由享受這種優勢所給他帶來的好處。因爲這兩者所處的環境都不是他們自己選擇的結果，因此，他們不能對它負責。同樣的，聰明才智也在很大的程度上是這種社會環境所造成的結果，因此，我們也不能把它們視爲擁有者的獨佔資產。自然能力上的情況也是一樣的。如果人類生來在聰明才智上就是不平等的，則較聰明及較愚笨的人都是在沒有選擇的情況下處於自己所處於的地位的，因此，他們不能對這些事件負責。當然，有人會指出，聰明才智起碼有一部分是個人後天努力的成果，因此，那些擁有聰明才智的人應該有權利享受它們所帶來的成果。我以爲在我們沒有一個強有力的理論可以指出人類的聰明才智有多少成份是天生的，有多少成份是後天努力的成果之前，把一部分的聰明才智歸諸於天生的這種做法是安全的。更進一步，我們甚至可以說，即使一個人會不會做某種努力去增進自己的聰明才智，也與他生長的環境有很大的關係。一個生長在醫生家庭的小孩及一個生長在貧民窟的小孩，常常很難逃脫環境對他們的影響。前者可能有很大的慾望去完成一些東西，因而努力地去增進自己，而後者就很難有這種衝力及慾望。如果這種講法是可以被接受的，則資源的平等主義就可以站得住脚。事實上，洛爾斯對於道德最堅定的信仰之一就是，這些由自然及社會的因素所造成的人與人之間在聰明才智及社會地位上的差異在道德上是不相干的。在考

處分配的問題時，我們不應該以它們爲標準。（第15, 18, 28, 72, 96, 100, 136, 179 等頁）

現在來看第二個問題——資源的平等主義爲什麼使得我們把處於最不利的地位者的觀點做爲評估不平等分配的觀點？假定A與B是社會中的兩個人。A是處於最有利地位者，B是處於最不利地位者。由於效率原則不採取任何人的觀點，使得它無法眞正做到對所有人都有利。因此，在處理分配的不平等時，我們必須採取某一組人的觀點，從他們的立場來看這個問題。現在，究竟是採取那一組人的觀點才能滿足資源的平等主義？在這裏，所謂採取某一組人的觀點就是指，從他們的立場來看，分配的不平等是可以被接受的，也就是說，這種不平等的分配是對他們有利的。如果我們採取處於最有利者的觀點，則這不但沒有朝向平等的方向走，而是朝向反平等的方向走了。因爲處於最有利地位的人，本來已經比其他的人處於優勢的地位，現在再加上這點，要求分配上的不平等對他們有利，則他們就處於更加有利的地位。而處於不利地位的人則會陷於更不利的地位。這樣的做法不是把聰明才智等看成是大家共同的資產，而是把它們看成是屬於那些處於有利者的資產。但是，如果我們採取處於最不利者的觀點來看不平等的分配時，問題就不一樣了。如果我們提出，不平等的分配只有在它是對處於最不利地位者是有利時才能被接受的話，我們顯然是要把處於不利地位者的地位往上抬，使得他們與其他的人更加接近。而這種做法，也就是促使他們的地位與社會上其他的人慢慢地拉近，而趨向於平等。這顯然符合資源平等主義的要求。同樣的道理，我們也不能採取「處於中間地位」者的立場來看不平等分配的問題。反對這種觀點的論證與反對從處於最有利的地位者的觀點來看問題的論證是一樣的。納格爾（Thomas Nagel）提出「緊迫性」(urgency) 這個概念來談這種平等的觀念。他指出，人類的需要與興趣，在要求被滿足時，有不同的緊迫程度。那些緊迫性高的需要及欲求，是我們應該先設法去滿足的。雖然，目前我們無法有力地建立起這種主張的客觀性，但當我們說人類對滿足饑餓的要求比滿足民主的要求較爲緊迫時，這個話也不是毫無經驗根據的。而社會分配必須最先滿足最緊迫性的要求，然後再滿足次要的。處於最不利地位的人與社會上其他的人比較，也就是那些緊迫性需要獲得較少滿足的人。因此，平等這個概念要求我們先去滿足那些處於最不利地位的人的需要⑬。這個論證也可以支持我們在看不平等的分配時採取處於最不利地位者的觀點這個立場。洛爾斯在討論如何證立他的二個公正原則時，提出了另一個契約論的論證，來支持他採取處於最不利的地位者的觀點。這個論證要等到討論如何導出這兩個公正原則時才來討論。

對於「對所有人都是開放的」以及「對每個人都是有利的」兩個概念做了民主的平等這種解釋後，第二個原則就變成：

> 社會與經濟上的不平等將以下列的方式來安排，以使得：(a) 它們對處於最不利地位者是最有利的，……(b) 它們是隨附著職位與工作的，而這些職位與工作對所有的人都是開放的。（第 302 頁）

---

⑬ Thomas Nagel, "Equality", 本文收集在他的 *Mortal Questions* 一書中 (New York: Cambridge Univ. Press, 1979), pp. 116-118.

至於自然的貴族系統，則是採取了差異原則以及形式的平等。它並沒有在減低人類自然與社會上的不平等做任何的努力。

說明了差異原則之後，接著的一個問題是，我們根據什麼標準來評斷某一組人是「處於最不利地位」者呢？對於這個問題，洛爾斯只提出了很粗略的答案。

> 其中的一個可能是選出一個特定的社會職位，例如沒有技能的工人，然後把收入低於這羣人平均數以下的人算作是處於最不利地位的人。……另一個可能的定義是只根據相對的收入與財富，而完全不牽涉到社會地位。所有比社會上平均收入及財富少過一半的人都被當做是屬於處於最不利地位的人。（第 98 頁）

這樣的定義法，具有簡單性的優點，但是它們也會遇到困難。上述兩個標準都只用到基本有用物品（primary goods）中的收入與財富。但是，要判斷一個人是否處於最不利地位時，其他的基本有用物品難道都不用考慮進去嗎？差異原則所處理的並非只是財富與收入的分配。所有社會與經濟上不屬於基本自由的東西，都是它所要處理的。除非我們能在經驗上找到強有力的把握指出，財富與收入少的人，在其他的基本有用物品的佔有量上一定也比別人少時，這樣的定義才比較能被接受。洛爾斯事實上接受了這個假設。他認為財富、收入與權力、權威、機會等具有相當高度的一致性。對前者所擁有的程度與對後者所佔有的多少常常是成正比的。這個假設究竟能否成立，要看經驗的證據是否足夠給它支持。許多批評者對它提出挑戰。洛爾斯也意識到他並沒有提出足夠的經驗證據來支持這個假設。因此，他又提出了一個較為包含性的定義。但這個定義仍只是一個大略性的標準。

> 處於最不利地位者大約地被界定為在下列三種主要的因素中都是最不利的。這羣人包括那些在他出身的家庭與階級比別人處於較不利地位的人，他們的才能比別人不如些，他們的運氣也相對地比別人差些，所有這些都是根據社會基本有用物品的相干因素來計算的⑭。

根據這個定義，處於最不利地位者就是那些根據這定義中的三個標準都是比一般人差的人。但究竟差到什麼程度，洛爾斯沒有指出來。我想這個問題本身可能也無法有一個在量上很精確的答案。

4. 純粹的程序公正

由於公平式的公正把社會的基本結構做為公正問題的基本課題，它所處理的不是實際上每一個人在每一項交易行為中，應該獲得或付出多少。例如，它不會去考慮一個醫生應該怎麼樣去對待一個病人這種問題。它所要做的是建立一個公正社會的基本結構，在這樣的一個結構中，人們能夠自由地進行交易。公平的均等機會原則最能表現出這種精神。這個原則只是訂出一個結構性的東西，它的存在使得人們能夠在根據這個原則所建立起來的社

⑭ John Rawls, "A Kantian Conception of Equality," *Cambridge Review* (1975), p. 96.

會結構中進行活動。而這種活動無論產生什麼結果，由於這個結構本身是公正的，因此，它也是公正的。但是，如果公正原則所處理的並非現實上每個人在合作的交易中該得到什麼的話，這種合作性的交易本身怎麼進行呢？在這裏，洛爾斯介紹了純粹的程序公正（pure procedural justice）這個概念。這個概念的運用，使得我們可以不把分配問題看作是一種分派（allocation）的工作。分派的公正（allocative justice）把公正問題看作是一種技術及行政的問題。這種概念的擁護者以爲，我們事前已經知道什麼人應該得到什麼，因此，所謂公正的分配就是把他應該得到的東西分給他。但是，我們不得不追問，究竟人類是否擁有這種知識？我們根據什麼知道某個人所應得的是什麼？分派公正的擁護者在這裏始終無法提出任何叫人信服的答案。公平式的公正不把公正分配的問題當作技術性或行政的問題來處理。因爲，它瞭解到，在分配公正這個領域中，我們事實上不知道怎麼樣的分配結果才是公正的。我們也無法離開過去所發生過的事而單獨地說一個分配是否公正。假定不瞭解過去發生過什麼事情，而只是獨立地看二個分配，例如甲有 50 元乙有 30 元，或甲有 30 元乙有 50 元，我們怎麼可能說那一個分配是公正的呢？要判斷這二個分配哪一個才是公正的，我們一定要瞭解到甲及乙如何獲得他們所有的東西，他們獲得這些東西的過程是在一個什麼樣的背景之下進行的，以及這個背景本身是否公正。只有在第一，這個背景是公正的，以及他們在獲得他們的所有物的過程中並沒有違反任何被允許的行爲時，我們才能說，目前的這種分配是公正的或不公正的。這個公正的背景，就是一個公正的社會基本結構，而這種在這個背景之下所獲得的東西，就符合了純粹的程序公正。

由於我們不知道什麼樣的分配才是公正的，因此，它才是屬於規範倫理學領域中的問題，否則，它只是純粹技術的問題。也由於這個理由，我們在這裏所能借助的只有純粹的程序公正這個概念。要瞭解這個概念，最好的辦法是將它與其他兩個程序公正的概念作一個對比。這兩個概念就是完美的程序公正（perfect procedural justice)及不完美的程序公正(imperfect procedural justice)。前一個概念的特性是，第一，我們知道怎麼樣的結果是公正的，同時，我們又有一套方法可以達到那個結果。例如，三個人在野外發現一個野生的西瓜，大家都想要盡量地多得，而且這三個人同時發現這個西瓜，因此，任何人對於這個西瓜的發現並沒有比別人做出較多的貢獻。假定他們不願訴諸武力或運氣來解決分配的問題。很顯然的，最公正的分配辦法是大家平分。爲了達成這個目的，技術上也沒有困難。他們可以用秤，並由一個人來切，然後由他最後拿。因爲他希望盡量能多得，同時他知道另外二個人也有這種希望，因此，對他最有利的分法是將它平均分爲三份。很顯然的，在我們這個世界中，完美的程序公正是很少有的。至於不完美的程序公正的特色則是，我們知道什麼結果是公正的，但是在技術上卻無法無誤地達成這個結果。不完美的程序公正最明顯的例子是刑法上的公正。在刑法的領域內，我們知道什麼結果是公正的，什麼結果是不公正的。公正的結果就是有罪的人被定爲有罪，無罪的人則被釋放。但是我們卻沒有一套萬全的程序可以永遠無誤地引導我們達到這個結果。有時候，有罪的人被釋放了，而無罪的人卻被判了刑。與這二種程序的公正對比的話，純粹的程序的公正的特色則是，我們不知道什麼樣的結果才是公正的，或者，並沒有一個客觀的標準可以規定什麼樣的結果才是公正的，但是，我們卻可以遵循一套公平的程序。只要遵循這套程序，無論得出什麼結果都是公正的。賭博或者選舉都能夠說明這種公正的概念。在公平的賭博中（所謂公平的賭博是指參與者都是自願的，沒有人欺騙，期望值與賭金的和等於零等），任何結果都可能產生。但只要參與者遵循賭博的程序，則任何結果都是公正的，起碼不是不公正的。（第 85-86 頁）選舉的情況也是這樣。我們不能說一個選舉必須產生一個特定的結果才是公正的。在選舉中，遵循公平的選舉規則所得出的任何結果都是公正的。

分派性的公正概念是把公正問題看做一種不完美的程序公正，因此，它假定我們已經知道了什麼樣的分配才是公正的。但是，它的這種知識是建立在什麼基礎上的呢？贊成這一類公正概念的人似乎很少能夠提得出使人信服的答案。由於我們似乎無法有這種知識，因此，洛爾斯把分配公正當做一種純粹程序公正的問題來處理。而純粹的程序公正之所以可能的條件，就是要有一套公平的程序。社會基本結構的公正所提供的正是這樣一個公正的背景。

有些批評者指出，洛爾斯的差異原則實際上是一種模式化的(patterned)原則，它並不能眞正體現純粹的程序公正這個概念，它甚至於限制了這個概念的運用。所謂模式化的原則就是指一個分配原則在做分配時是依據某一種自然的量度或多種自然量度的總和去進行的⑮。大衞・米勒說：

---

⑮ 模式化的原則及模式化的分配是諾錫克在 *Anarchy, State, Utopia* 一書中所提出的概念。諾錫克在該書中提出另外一組概念——歷史性的與非歷史性的原則。他用這兩組概念來批評洛爾斯的公正論。

（洛爾斯的第二個原則）規劃出一個特定的結果，牽涉到在安排不平等的時候必須給予處於最不利的地位者最高的利益，以及……根據能力與技術來分配工作及職位。如果洛爾斯想要使得他對於公正問題的說明成為純粹程序性的，則他就應該完全取消這二個原則，而只規劃出機構性的架構（institutional framework），例如，如果我們提出一個根據自由市場經濟的運作所產生的結果，無論它的最後分配是甚麼樣的，它都是公平的，這將是一種公正問題的程序式的解釋。但是，在洛爾斯的系統中，機構的建立是為了滿足他的二個原則的⑯。

洛爾斯的理論是否眞的像諾錫克與米勒所說的那樣無法應用純粹的程序公正這個概念？要回答這個問題，我們必須先簡單地提出洛爾斯的公正論中兩個重要的論旨。第一，像上面所說的，他不把分配公正的問題看作是一種分派性的公正（allocative justice）。分派性的公正概念，把公正的問題看成是技術性的問題；它對公正的構想是，有一羣人及一堆現成的物品，公正的問題是如何在合乎道德及公正原則的方式下，把這堆物品分給這批人。如果洛爾斯把公正問題想成是這種分派的問題，則差異原則可能會犯了諾錫克與米勒所指出的毛病。但是，洛爾斯把社會看

（續）對於模式化、非模式化，歷史性及非歷史性的分配原則的討論，見 *Anarchy, State, Utopia* (New York, Basic Books, 1974), pp. 153-160；及拙作〈自然權利，國家與公正〉，《知識份子》第二卷第一期，1985 年秋季號，105-112 頁。

⑯ David Miller, *Social Justice* (Oxford: Clarendon Press, 1976), p. 45.

成是一種各個成員爲了自己的利益而組成的一個合作體。它不僅包含著分配的問題，更重要的，它包含了大家如何合作以生產利益的問題。這種合作性的活動，顯然不是分派性的公正概念所能夠涵蓋的。因此，雖然差異原則好像是規定出一個對於分配結果的規定，但事實上，它所規定的是這種合作活動應該如何進行的原則，而不是這種合作的成果本身應該怎麼分配法。這些規則，就像選舉中的規則一樣，它們規定選舉應該如何進行，但是並沒有規定選舉該有什麼結果。第二，洛爾斯一再強調，在他的理論中，公正的主題不是個人與個人之間的交易時的公正問題，而是社會的基本結構的公正問題。因此，他的兩個原則也不是用來處理前者中的問題。社會的基本結構所指的是一個社會中的主要制度及機構以怎麼樣的方式組織成一個系統。而這個概念甚至比上引米勒文中所指的機構性的架構還要普遍。把社會基本結構作爲公正的主題所蘊涵的是，我們不會去盯住每一個人與人之間的交易，以及因爲這個交易所產生的分配是否公正。只要社會的基本結構符合公正的原則，在這個社會中所進行的交易就是被允許的。一個公正的基本結構所提供的是一個環境，在這個環境中，人們可以自由地進行交易。洛爾斯在回答哈桑伊（Harsanyi）有關最高程度的最低額的規則（the maximin rule）時指出，這個規則並非用來處理個人與個人之間的交易及分配的。它是一個宏觀而不是微觀的原則⑰。同樣的，我們也可以把這個回答應用

⑰ John Rawls, "Some Reasons for the Maximin Criterion," *American Economic Review*, Vol. 64, No. 2 (May, 1974), p. 142. Harsanyi 的批評則見 "Can the Maximin Principle Serve as a Basis for Morality?" *American Political Science Review*, Vol. LXIX, No. 2 (June 1975), p. 606.

到對於差異原則的批評。

即使是極端自由主義者如諾錫克與海耶克也不得不承認，自由的交易必須在一個市場中才能進行。但是，市場本身並不是一個非社會性的東西。它是根據一些規則所建立起來的社會組織。如果這個組織所根據的原則是不公正的，則我們會認為在這個機構中所進行的交易從公正的觀點來看也不能被接受。洛爾斯的理論所要處理的正是這種機構應該根據什麼原則來建立。他說：

> 通過參與一個公平的社會活動系列，我們對於我們自己的自然能力擁有一種權利，同時也擁有這個公平的社會活動系列中所規定我們所有的權利。問題就是如何來勾劃這個活動的系列⑱……
>
> 〔這兩個〕原則為社會基本結構規劃出一個特定的理想形式，在這種形式下，純粹程序的活動系列受到約制及修正……為了保持公正的背果，我們必須要有一個理想來指引必要的修正⑲。

只有在一個公正背景之下，個人之間的交易才能被看做是合理的或不合理的。只有在這種最普遍的公正原則建立之後，日常所用的一些分配規則，例如，根據各人的貢獻作分配，或根據各人的需要作分配，才能被應用。極端自由主義者的批評是錯認了洛爾斯公正原則的層次才會產生的。

---

⑱ John Rawls, "A Kantian Conception of Equality," p. 98.

⑲ John Rawls, "The Basic Structure as Subject," *American Philosophical Quarterly*, 14 (1977), p. 164.

第四章　從原初的境況到公正的社會

1. 自然狀態及契約

建立理論是一種理性的活動。任何理性的活動都是一種提出理由或提供理據（justification）的活動。科學理論及定律之所以被接受是由於它們有充分的理據。規範倫理學所要建立的是一個規範性的理論，這種理論與科學理論可能有不同的地方，但是就需要理據這點來看，兩者是一樣的。當某一個規範倫理學家建立一個理論系統時，他必須對他的理論中所提出的原則提供理據。如果沒有做到這點，他的系統不能算是一個理論系統而只是一套教條。但是，在建立倫理系統及提供理據這個問題上，倫理學目前卻不像科學或法律那樣有一套較爲客觀及被專家們所共同接受的程序。不僅是倫理學中有這個問題，整個哲學領域中也都有這個問題存在。究竟這是由於哲學所處理的問題的性質或是別的原因所導致的，不是我這裏要處理的問題。在這章中我所要處理的是洛爾斯如何導出他的二個公正原則以及如何給它們提供理據，在下一章中，我將專門討論他的道德方法學。

洛爾斯之所以認爲他的理論是一種契約論，主要的原因是由於他在形式上用了契約這個概念做爲他理論的起點。他理論中的二個原則是由立約者們的同意而建立的。雖然，由於在第二章中所說的理由，我不認爲他的理論是一種契約式的理論，但是，在討論如何證立他的理論時，最好的辦法還是從這個理論的形式着手。這個立場，使得我們把它當做一種契約式的理論來看待。自然狀態 (state of nature) 是所有契約論的起點。如果一個契約理論的主要工作是爲社會的成立提出理據，則自然狀態就是一個前社會的 (pre-social) 狀態。霍布士所建立的就是這樣一種理論；如果一個契約論是爲政府提供理據，則自然狀態在這個理論中就是一個前於政治的 (pre-political) 狀態。洛克的理論就是一種政治的契約論。洛爾斯想要建立的是一個公正理論，因此，在他的理論中，在契約未成立前，人們所處的是一種沒有公正及道德的狀態。在這個狀態中，各人按照自己的方法及規則行事以達到自己的目的，人與人之間沒有共同接受的行事規則。在兩個人有衝突時，最後所能訴諸的只有武力。在這個境況中，也沒有道德上的對錯問題。任何行爲只有在大家都接受了一組共同的行事原則之後才能說是對的或是錯的。自然狀態可能不是一個歷史上的事實，契約論者的工作也並非提出歷史說明。他們所要做的工作是建立道德原則或政府的基礎。在自然狀態中，事實上每個人所能達成的目的都是很有限的。不僅如此，在那個世界上，人們不僅彼此之間沒有合作，同時還把別人都視爲敵人，因爲任何人都是別人的競爭者。霍布士對自然狀態描寫得最爲生動。他指出，那是一個戰爭的狀態，而在這場戰爭中，每個人都把別人當作敵人 (a war of all against all)⑪。我們只要觀察一下野生

⑪ Thomas Hobbes, *Leviathan.*

的動物世界，就會對這種狀態有所了解。自然狀態對任何人都不利。弱者固不待言，卽使是強者，也必須隨時警覺別人可能對他的偸襲。因此，理性告訴人們，最好的辦法是大家合作建立一套大家都願意遵守的規則。這樣可以使人們由前社會狀態進入社會。在社會中，由於有規則可循，每個人都能較順利地達到自己的目的。如果用對局論（game theory）的話來說，建立社會乃是一種總值非零的遊戲（non-zero-sum game）。

契約論式的道德理論者們認爲，這組大家所同意遵守的規則，就是道德原則。這組原則之所以成立的理據，就在於參與制定者們對它們所給予的同意。因此，契約或允諾是道德原則的基礎。如果一個立約者問我爲什麼他應該遵守某項規則時，我將會指出，由於他同意過要遵守這項規則，所以他應該遵守它。在契約論中，一組原則由自然狀態所推導出來。由這個起始點出發，每個人經過愼重的考慮，最後得出一組原則。在這樣一個建立道德理論的程序中，很顯然的，第一項重要的工作是勾劃出自然狀態到底是怎麼樣的。雖然所有契約論的起點都是自然狀態，但是自然狀態並不是由上帝所強加給我們的所有條件的總和。每個契約論對於這個狀態都可以有不同的描述及規定。自然狀態並非是空白的一片，它包含有無數的情狀（states of affairs）。在建構一個理論時，契約論者必須從這些無數的情狀中作選擇，把他認爲是最相干及最主要的條件挑選出來。這就是他對於自然狀態的描述及解釋。一般而言，一個契約論者在建構自然狀態時，他心目中最主要的標準是，究竟什麼是人性中本質的部份？什麼是人所處的環境中不可逃避的條件？他所要做的就是把這個本質的部份以及不可規避的條件勾劃出來以與其他偶然的及可規避的條件區分開。但是，這是一個極爲艱難的工作。我們有什麼證據可以指出某一種特質是人性中本質的部份而不是在某一個社會或歷史條件下所造成的？霍布士指出不斷地想要有更多的權力這點乃是人的本性，但是麥克弗森（C. B. MacPherson）卻認爲，這並不是人的本質，而是十七世紀以後現代西方社會中的人所具有的特質❷。在規定人的自然狀態時，契約論者之所以必須只把本質性的以及不可規避的條件包括進去，主要是由於要獲得理論的普遍有效性。因爲如果自然狀態所包含的都是些非本質性的偶然條件，則從這些條件中所推導出來的原則的有效範圍也變得極爲有限。但是，由於人性並不像黃金這種自然類（natural kind）一樣，我們無法用經驗觀察找尋出一些自然定律來界定它。因此，對自然狀態的描述也變得極爲困難。古典的契約論者對這個問題似乎沒有做過很多的深思。因此，他們並不認爲對自然狀態的描述會給他們帶來特別的困難。

洛爾斯深深地了解到自然狀態在契約論中的重要性，以及建構這個理論概念時所遭遇到的困難，因此他特別提出一個方法給這個建構程序一個理據。這個方法就是反思的均衡法（method of reflective equilibrium）。這個方法有二個用途，它一方面被用來對自然狀態做規定及解釋，另一方面，它被用來作爲證立道德原則的根據。在描述及規定自然狀態時，反思的均衡法採取的是雙管齊下的辦法。我們先規定出一組深思熟慮的判斷（considered judgments），把它們視爲是暫時的固定點（provisionally fixed points）。對於這組判斷，我們具有直觀的信心；但是，由

❷ C. B. MacPherson, *The Political Theory of Possessive Individualism* (London: Oxford UP, 1962), p. 18.

於理論尚未建立，所以它們不能說有理論上的根據。例如，對「只根據一個人的膚色就決定他在社會中的地位是不公正的」這個判斷，我們具有直觀上的信心。在找到這樣一組判斷後，我們開始進行對自然狀態的描述。我們希望盡量地採用弱的以及大家都願意接受的前提。在對自然狀態描述完成後，我們試看它能夠推出什麼原則，然後用這些原則來跟那組深思熟慮的判斷作比較。如果這組原則與那組判斷相吻合，則它們之間就顯示出一個均衡（equilibrium）。所謂吻合所指的是，從這組原則及相干的初始條件，我們可以推導出該組判斷。初始條件所描述的是某些具體的環境。它們之間顯示這種均衡也就表示我們對自然狀態的描述可以被接受。當然，在描述自然狀態時，一開始就能有這種吻合的情況出現是不太可能的事。它們之間在某些地方總會有些差距。當這種差距出現時，我們就面臨一個選擇。在修改對自然狀態的描述或放棄一些深思熟慮的判斷之間，我們可以做一個選擇。如果對某些判斷並不是那麼有信心，則我們可以將它放棄；另一方面，如果對某些深思熟慮的判斷極有信心，則我們可以修改對自然狀態的描述。我們一直作這樣來回的修正，直到兩者之間有了完全的吻合。這時候的情狀，洛爾斯將它稱之謂反思的均衡（reflective equilibrium）。它是一種均衡，由於自然狀態所推導出的原則與深思熟慮的判斷之間沒有任何差距；它又是一種經過來回修正後所獲取的結果，因此，是經過反思的（第20頁，及48–51頁）❸。這種證立的方式，是一種整體主義式的，它把

❸ 這種整體主義式的（holistic）證立的方法不僅限於道德哲學中可以使用，在討論演繹及歸納規則的證立問題時，也可被應用。見 Nelson Goodman, *Fact, Fiction and Forecast* (Cambridge, Mass.: Harvard Univ. Press, 1955), pp. 65–68.

建立理據的問題視爲是一種一個理論中各項元素之間彼此支持的結構。深思熟慮的判斷與實證論者所提出的觀察語句（observational sentences）之不同處就在於它是可以被修正或放棄的，因此，它也不是一種基礎主義（foundationalism）的證立論。究竟這種證立理論是否能克服直觀主義及相對主義的困難，是一個有待探討的問題。

2. 原初的境況

洛爾斯把他對自然狀態的描述名之爲原初的境況（The Original Position）。這個出發點中包括了許多條件。我們可以將它們分爲兩大類：主觀方面的條件及客觀方面的條件。主觀方面的條件是對立約者所作的描述，他們有些什麼知識及信仰，他們參與立約的動機是什麼，以及他們在立約時心中所想獲得的具體東西等；客觀條件所指的是對立約者以外的情況的描述。

(1) 主觀條件：

(A)動機——立約者們完全缺乏利他的動機。他們之所以參與這個契約的訂立完全是爲了自利。別人的利益不在他們的考慮之內。由於自然狀態對於每個人都是不利的，契約的訂立是一種總值非零的遊戲，因此，立約者才來參與這個契約的訂立。如果原初狀態對於某些人的利益比契約的訂立要大，則他就沒有理由來參與這項活動。每一個立約者都是徹底的自利主義者。

(B)知識與信仰——立約者被一層「無知之幕」(veil of ignorance) 所遮蔽。這層無知之幕將他們對於具體事件的知識剝奪掉了，處於無知之幕後面的立約者不知道自己的信仰、與趣、能力、性向、性別等。他甚至也不知道自己是誰，也不知道自己具體的人生計劃是什麼。他所具有的只是普遍的知識及原則。他了解政治、心理、經濟等理論中的普遍原則。但是，有一樣具體的事實他卻知道，這個具體事實就是，在他們的社會中公正的問題會出現的情況是存在的。

(C)立約者是有理性的。除了其中的一點之外，這個理性的概念是現代經濟及社會理論中所採取的理性概念，它有許多不同的名稱。有時叫做工具的理性 (Instrumental Rationality)，韋伯 (Weber) 稱它爲目的性的理性 (Purposive Rationality)❹。這個理性的概念與傳統的理性概念，或康德的實踐理性的概念有很大的不同。根據工具性的理性這個概念，一個人是理性的，如果他採取下列三項理性的原則去行事：

(A)最有效的手段以達到目的的原則——如果A與B兩項行爲都可以達成同一個目的，而A所須花費的效益較小，則一個理性的人會採取A而不採取B。

(B)包含性的原則——如果做A與B兩件事情，A能夠達成一些除了B所能達成之外的目的，而B卻不能達成A所能達成之外的任何目的，則一個理性的人會做A而不做B。

---

❹ 傳統及現代對理性這個概念的瞭解之不同，見 Charles Taylor 的 *Hegel* (London: Cambridge Univ. Press, 1970)。有關康德的理性概念則見他的 *Foundations of Metaphysics of Morals* 以及 *Critique of Practical Reason* 等書。有關現代經濟及社會理論中所採取的理性概念，見 A. K. Sen 的 *Collective Choice and Social Welfare* (San Francisco: Holdenday, 1970) 中之第一章及 Kenneth Arrow, *Social Choice and Individual Values* (New York: John Wiley, 2nd edition, 1963).

(C)或然率較高的原則——A與B兩項行爲所能達成的目的是差不多的，也就是說，它們所能給我們帶來的滿足是差不多的，但是，完成A的或然率要比完成B高，則一個理性的人會做A而不做B❺。

上面提到，洛爾斯對理性的概念與現代經濟理論中有一點不同的地方，這就是，他假定立約者是不會忌妒的。一個忌妒的人看到別人比自己所處的環境好或所擁有的東西比自己多，就無法忍受，即使這種不平等並非建基在不公正上的。一個有理性的人不會如此。

由於無知之幕的限制，立約者對自己的興趣及人生計劃都一無所知，那麼他們在談判時所想要獲得的是什麼呢？如果在談判時他們連自己要什麼都不知道，那簡直就無從談起。他們參加訂約的動機雖然純粹是自利的，但是當一個自利者不知道自己要的是什麼的時候，他也不知道怎樣去爲自己爭取利益了。這是無知之幕這個設計給洛爾斯的理論所帶來的困境。爲了打破這個困境，洛爾斯提出了基本有用物品 (primary goods) 的理論，而這個理論是根據單薄的價值論 (thin theory of the good) 所推導出來的。洛爾斯在第三部份中花了極大的篇幅討論這個複雜的理論，我們在這裏無法討論它。它所討論的乃是非道德性的價值問題。有關基本有用物品的理論則可以簡單地歸結爲下列二個命題：有些東西，例如權利、自由、收入、財富、機會、自尊等乃是對任何一種人生計劃都是有用的東西。無論你想從事文學活動

---

❺ 這三個原則原是洛爾斯在他書中的第三部份中討論目的、價值及人生計劃時談到的。在這裏，我把它用來談立約者的理性。(見 409–424 頁及 142–145 頁)

或科學活動，或是做和尚、商人，基本有用物品都是你所不可缺少的。其次，立約者希望盡可能獲取較多的基本有用物品。即使有些人生計劃所需的基本有用物品比別的人生計劃要少，在立約者離開無知之幕返回社會後，他仍可以放棄部份的東西。這個理論的建立，使得立約者能夠在談判時知道什麼東西是自己所要的，以及什麼東西是對自己有利的。

(2) 客觀條件：

客觀條件方面則較簡單。它主要是有關世界物質資源的問題，以及立約者之間合作的可能性的問題。在現實世界中，自然資源是有限的，它無法使每個人所有的慾望都得到滿足；如果每個人的所有慾望都可以得到滿足，則立約者就沒有必要合作；同時，資源也不是貧乏到使得合作成爲不可能的地步。由於訂立契約是一種總值非零的遊戲，因此，合作時對大家都有好處，而由於立約者的動機是爲了取得更多的好處，這就使契約成爲既必須又可能。

對於上述諸條件中，洛爾斯所特別強調的是，人的自利性以及物質之有限性。這兩項條件如果同時出現，我們就會面臨公正的問題。洛爾斯將它名之爲「公正問題發生的境況」(The Circumstances of Justice)。只有在這個境況下才會有分配公正的問題產生。有關這個境況，休姆在《人性論》及《道德原則探究》二書中有很詳細的討論，洛爾斯所提出的並沒有超出休姆的討論。

對於上述的每一個規定，洛爾斯都提出理由來給予支持。我們只談動機與無知之幕這兩項規定。他之所以將訂約者的動機規定爲自利的，主要是由於他想用較爲弱的假設。所謂較弱的假設是指，我們就建立道德原則的目的來看，如果假設立約者已經採取了某種道德立場或接受了某些道德原則或是有某種道德動機的話，立約就成爲沒有必要了。正是由於立約者本身的動機完全是自利的，我們才需要建立一套道德原則。現代西方文化的智慧就在於把人性都看成是自利的，然後在這個基礎上看看能否建立一套制度，使得這種自利的動機變得對大家都有利，亞當・史密斯的「無形之手」(the invisible hand) 的理論以及美國立國的政治立論，都是建基在這種人性論上的。關於無知之幕的建立，則較易了解。它的主要目的是沒有人在原初的境況中可以佔任何便宜。因爲如果立約者了解自已的興趣、能力、性別等具體條件，則他們可以提出一些對自己有利的原則。把這些知識剝奪掉之後，使得他們沒法這樣做。有人可能認爲建立或選擇道德原則是應該在有充份的知識之下才能進行的，因此，無知之幕對立約者所作的知識上的限制是不能被接受的。但是，洛爾斯的目的是要建立一套道德的理論。無知之幕的作用就是要勾劃出一個道德的觀點。無知之幕的作用就是將從道德的觀點看來不相干的消息及知識全部擋住及排除掉。洛爾斯的契約論究竟不是一般遊戲性的對局中的任何一種遊戲。這個原初的境況並非歷史的事實，它只是我們理論上的一個假定。這也就是爲什麼他對於布萊士維特 (R. B. Braithwaite) 用對局論來處理道德問題會提出批評了。

在原初的境況中，每個人是自由的，並且所有的立約者之間是平等的。所謂自由的是指立約者可以提出任何他認爲大家應該採納的原則做爲分配的準則。在提原則這點上沒有任何人可以對別人加以限制，而人與人之間是平等的則是指沒有任何人在這個境況中比別人佔便宜，同時每個人對別人提出的原則有否決的權利。因此，這個最根本的契約必須要在無異議的情況下，才能通過。由於大家都是自由且彼此之間是平等的，因此這個出發點對大家都是公平的 (fair)，沒有人可以用任何方式取得任何比別人有利的地位。公正是建立在這個公平的基礎上的。這就是爲什麼洛爾斯將自己的理論名之爲公平式的公正(Justice as Fairness)。

在原初的境況中的那些條件下，立約者所面臨的是一個合理的選擇 (rational choice) 的問題。借着原初境況這個設計，洛爾斯將對於道德原則的選擇這個複雜的問題轉化爲一個合理的選擇的問題。在作前項選擇時，沒有什麼東西可以作爲我們的指引，我們常常只能借助直觀，而後一種的選擇卻有一些原則或規則給我們指導。這項選擇所得的答案就是公正的原則。我們可以對這個選擇的問題提出很多答案，但是，很顯然的，有些答案是不能被大家都接受的。例如，女性無權參加政治。這個答案甚至可能也沒有人會提出。因此，在眾多的答案中，洛爾斯認爲我們現在所須要考慮的是傳統上所出現過的一些原則。當然，可能有一天我們會找到比現在所有能找到的答案都要好的答案；但是，我們現在只能做我們目前能做的事。在諸多答案中，他認爲立約者會選擇他所提出的二個原則做爲分配公正的原則，而且，他認爲原初的境況與做這項選擇之間的關係是一種演繹的關係。

3. 最高程度的最低額的規則(*The Maximin Rule*)

當一個人身處在原初的境況中時，他應該採取什麼規則來作爲他做選擇時的指導。洛爾斯認爲，在這種不確定的情況下做選擇 (choice under uncertainty) 時，最明智的辦法是採取一種叫做最高程度的最低額 (Maximin) 的規則作爲指導。當我們面臨選擇時，普通有三種情況。第一是在確定的情況下的選擇(choice under certainty)，其次是在冒險的情況下的選擇 (choice under risk)， 最後就是在不確定的情況下的選擇。在確定的情況下作選擇是指，我們知道如果作了某項選擇C時，某一個後果O一定會出現， 也就是說， C與O之間有因果律把它們連接起來；在冒險的情況下做選擇時則不然，當一個人做了一個選擇C時，可能會有幾個不同的後果 O_1, O_2……出現。我們知道每個後果出現的或然率，但這個選擇卻不一定導致其中任何一個後果。不定情況下的選擇則是，我們並不完全知道當自己選了C之後會有多少種可能的後果，同時，我們更無法計算每種後果出現的或然率。洛爾斯認爲，在這種情況下，最高程度的最低額的規則是最好的選擇規則。這個規則究竟是什麼呢？根據它，我們該怎麼去做選擇呢？這個規則指出，當我們面臨選擇時，最合理的選擇是：這個選擇的最壞的後果比別的選擇的最壞的後果要好。例如下列這個表中的情況：

	C_1	C_2	C_3
D_1	−7	8	12
D_2	−8	7	14
D_3	5	6	8

D_1, D_2 及 D_3 表示不同的選擇或決定，C_1, C_2, C_3 則表示可能出現的情況。如果我們選擇 D_1， 最壞的境況出現時， 我們可能損失七百元，而最好的境況出現時，我們可以得一千二百元。其餘以此類推。最高程度的最低額的規則告訴我們，當面臨這個

選擇情境時，我們應該選 D_3，因為，選擇 D_3 的話，即使是最壞的情況出現，我們還能賺五百元，雖然在最好的境況出現時，我們也只能賺八百元❻。

最高程度的最低額這個選擇規則，在日常生活中顯然不適合指導我們作選擇。假設甲住在臺北。下星期是他父親的六十大壽。孩子們準備替他大事慶祝；甲與父母及兄弟姊妹們由於工作的關係成年都難得見一次面，他的父母住在臺南。現在甲考慮，如果他去參加父親的六十大壽，他將會得到一次難得的全家團聚的機會，感情上，他一定會有很大的滿足；如果他不去的話，他將會很失望及後悔。但是，如果他去的話，最壞可能出現的情況是，火車出事他死於非命。因此，雖然選擇不去參加生日慶典所可能出現的最壞情況是極度的失望及後悔，但是，以後可能還有機會（例如到他母親六十大壽時），但如果去的話，最壞的情況卻是他死於非命。如果他採用最高程度的最低額作為指導他選擇的原則的話，他就只好留在臺北，因為這項決定所帶來的可能的最壞後果比選擇坐火車去臺南要好。這個例子很清楚地告訴我們，如果在日常生活中，我們隨時隨地都採用這個選擇規則的話，最後的結果是，我們什麼事都不能做。即使是我現在想出去上街逛逛都有可能被汽車撞死，因此，我只能留在家裏。即使我想去餐館吃一頓飯，也可能中毒而死，因此，我最好還是不要去。

最高程度的最低額這個規則之所以不適合用來在日常生活中作為指導我們選擇是由於，在日常生活中的選擇，我們對於一個

❻ 這個表是洛爾斯自己在說明最高程度的最低額規則時用的。（見153頁）

選擇可能出現的後果可以作或然率的計算，即使這種計算有時無法很精確；但是，我們大致上還是算得出每一個後果出現的或然率。根據以往火車行車的紀錄，我們大致上可以估計，它出事的或然率是小之又小（雖然在坐火車前我們很少去考慮或實際上去做計算），因此，每天會有這麼多人坐火車。如果火車出事的或然率高到某一個程度，可能鐵路局就要關門了。

那麼，究竟在什麼樣的情況下，最高程度的最低額是一個適合的規則呢？洛爾斯借用費爾納（William Fellner）在《或然率與利潤》一書中的講法，指出如果有下列三個情況中的任何一種情況出現時，這個規則就是最理想的選擇規則：

(1) 如果面臨一個選擇情況時，我們無法計算每一個後果出現的或然率時，這個規則就是最合理的選擇規則。對於在不定情況下做選擇應該採取什麼規則，對局論者提出過許多不同的看法。除了最高程度的最低額這個規則之外，有些人提出最高程度的最高額（Maximax)。這個規則告訴我們，在面臨這種情況時，我們最好是選那個可能給我們最高報酬的決定。根據這個規則，在上表中我們應該選 D_2，雖然這項決定可能給我們帶來最壞的後果。另外一個在不定情況下的選擇規則是貝思規則（Bayes rule）。這個選擇規則所說的是，如果遇到不定情況的選擇時，我們就假定每一個可能出現的情況的或然率是一樣的。例如，由兩個含有不定比例的紅、黃色的球的袋中取球時，假定不知道自己是從那一個袋中取球的話，我們該做的是給予從每一袋中取球一樣的或然率。這個原則叫做不充足理由的原則（the principle of insufficient reason)。洛爾斯認爲後面兩個規則都比不上最高程度最低額這個規則。（第 154, 168 頁）

(2) 第二個特點是，做選擇的人有一個什麼是好的及有用的基本想法，根據這種想法，他對於其他選擇所能給他帶來的超過於最高程度最低額所保證給他的東西完全不在意，也就是說，其他規則所可能給他帶來的好處並不值得他去冒險而不用最高程度的最低額所能給他保證的東西。

(3) 第三個特點是，其他的選擇規則可能給他帶來無法接受的後果。

洛爾斯指出，在不定情況下做選擇時，上列三個特點中的任何一個出現時，最高程度的最低額就是最合理的選擇規則。如果三者同時出現，則更加強了這個選擇規則的合理性。現在的問題是，原初的境況究竟是否具有這三項特點，以及爲什麼具備了這三項特點的選擇情況就迫使我們要採用這個選擇規則。

首先，在原初的境況，立約者由於被無知之幕掩蓋，因而對自己及社會的具體情況一無所知。他不僅是不知道自己將來進入社會後，會處在那一個階級中，他甚至也不知道他將進入的社會會分成多少階級，每個階級佔該社會的人口比例是多少，以及各階級之間的差異怎麼樣。也就是說，他不僅不知道每個後果的或然率，他甚至不知道有多少不同的後果會出現。在這種情況下，貝思規則所告訴我們的——給予每個後果相同的或然率——指導就完全用不上。由於我們不知道有多少可能的後果會出現，因此，只能靠猜測或假定，而由於不同的假定，同一個事件就會有不同的或然率。包默在批評這點時，曾經舉了這樣一個例子：

假定一個人考慮在棒球比賽時去賣冰淇淋或熱狗。假定他考慮三個可能出現的天氣狀況：下雨，天晴，及陰天。由於缺乏任何氣象的消息，他就假定每個情況出現的或然率是一樣的，卽，1/3。但是，他也可以換一個方式只考慮二個因素，下雨及不下雨。這時候，下雨的或然率就變成 1/2❼。

這個例子顯示，主觀考慮的因素可能使出現的後果的數量不同，因此，一個事件的或然率也會不同。在原初的境況中，我們無法知道究竟有多少種可能的後果會出現，因此，我們也沒有任何根據給其中任何一個後果任何或然率。貝思規則在這裏用不上。最高程度最低額這個規則卻不需要依賴這些消息，它也不用作任何或然率的計算。它所告訴我們的只是，選那個能在最壞的情況出現時給我們最多的決定。因此，在原初的境況這個特殊的環境下，用它做爲指導我們選擇的原則似乎是最合理的。

關於第二個特點，洛爾斯說，「假如我們堅信這些原則可以提供一個可行的社會公正的理論，它們與合理的對於效率的要求是相容的，那麼這個理論體系就可以保證一個能令人滿意的最低額」(第 156 頁)。《一種公正理論》的第二部份整個就是在討論這個相容的問題。它詳細地指出政治架構及經濟架構等基本社會組織如何旣可以合乎二個公正原則又滿足合理的效率要求。同時更由於這樣對具體社會組織的討論，以顯示出這二個原則與我們深思熟慮的判斷能夠達到平衡。雖然上述的講法可以表現出在應用最高程度最低額這個規則的第二個特點，但是，這並沒有指出這個特點在原初的境況中具備。記得我們這裏所問的是：原初

❼ William J. Baumol, *Economic Theory and Operations Analysis* (New Jersey: Prentice-Hall, 1972), p. 578.

的境況究竟是否具有上述的三個特點。處在這個境況中的立約者們並沒有一個具體的什麼是好的及有用的想法（conception of good）。由於處在無知之幕後面，事實上洛爾斯剝奪了他們這種知識。他們不知道自己的信仰、知識、喜好等構成什麼是他們人生的目的的一些具體知識。他們唯一知道的是，基本有用物品是對所有人生理想及目的有用的必要東西。同時，他們更不知道自己是否只需要某一個最低額就足夠了。事實上基本有用物品的理論中的一個極重要的要素乃是，立約者們希望能取得越多的物品越好。因此，關於第二個特點，我們只能說，原初的境況並不具備這個特性。

至於第三個特點，原初的境況是否具備了呢？是否有的選擇可能導致一些我們無法接受的後果呢？這裏所謂別的選擇事實上是很有限的。它們的範圍所包括的也就是傳統上所被提出過的幾個公正理論。我們很難憑空想像出一個公正理論來。因此，在作選擇時，我們只能枚舉一些傳統上的主要分配原則作爲對象。關於這點，洛爾斯只指出，效益主義的原則在有些極端的情況下，可以接受奴隸制度。如果這種講法能夠成立，則很顯然，有些它所可能帶來的後果是無法被接受的，因此，在原初的境況中，立約者們不會選擇它。由於這個原因，他們也就不會採用導致這個原則的選擇規則——不充足理由的原則或貝思原則。至於其他傳統上的原則是否都會導致一些不能被接受的後果，我們在這裏無法考慮。顯而易見的，並非所有原則都會導致這種後果，例如平等原則就不會有這樣的後果。因此，爲什麼在原初境況中的立約者不選它而選差異原則就需要別的論證來支持。

指出了上述的三個特點以及說明了原初境況究竟是否具備這

三個特性之後，我們要問另外一個問題——卽使一個選擇的情況眞的具備了這三個特點，爲什麼我們就應該採用最高程度的最低額這個規則？在原初的境況中，採用這個規則眞的是最合理的嗎？這個問題的關鍵就在於，原初的境況這個特殊的環境是否會迫使做選擇的人採取一種保守的態度，而去認同處於最不利情況的人，不敢冒險。如果我們可以提供論證指出在那個情況下，採取保守的態度是最合理的，則最高程度的最低額這個規則的合理性也得到了證明。處在原初境況中的立約者們之間，由於無知之幕的作用，使得他們不知道自己是誰。事實上，這些立約者之間沒有任何的不同。這就是爲什麼我說立約者們並不是在訂立契約，而只是在做一個個人對自然的合理選擇。但是，由於立約者們都是自利者，而一個人如果不知道自己是誰的話，如何可能進行對自己有利的選擇呢？因此，他必須要暫時把自己認同爲某一個人或屬於某一個階級的人，選擇才能進行。假定我們把人的階級分爲三種，上、中及下，究竟原初境況中的立約者應該認同那一個階級來作選擇才比較合理❽。當他認同某一個階級時，就表示他會選擇一些對這個階級最有利的原則。由於原初境況的知識限制，他無法計算自己可能是上等階級中一份子的或然率。因此，他如果認同自己爲這個階級而選擇一些對這個階級有利的原則時，有可能當無知之幕揭起之後，他原來不是這個階級中的人，因而失去了許多東西。由於這個選擇的重要性是不可衡量

❽ 洛爾斯理論的假定之一是，任何人類社會都無法完全避免階級的存在（78頁）。他對階級概念的瞭解是現代社會當中社會分層（social statification）的概念，而不是馬克斯式以生產工具的擁有權的模式來瞭解的。

的，它不僅關係到他自己的一生，還關係到他的後代。這個對公正原則的選擇並不像選這一餐飯去那裏吃這種小事情，選錯了也不會有什麼大影響。因此，在這個情況下立約者們似乎採取穩當的態度才是比較合理的。如果這個講法是正確的，則他不會認同自己爲上等的階級。同樣的論證也可以用到認同自己爲中等階級這個選擇。但是，把自己認同爲下等階級或處於最不利地位的人這個選擇，卻與上面二者有不同的地方。雖然他也不知道自己屬於這個階級的或然率，但是他會想，如果在無知之幕揭起之後，我是屬於中、上階級的人的話，我已經是人類中比較幸運的了，因此，雖然我提的原則對自己不是最有利的，但損失也不是那麼大。但是，如果我是屬於下等階級的話，我這樣的選擇就是最恰當的了。這個分析如果是正確的，我們就可以說，在原初境況中立約者認同自己爲下等階級是一種比較合理的態度。也就是說，在這個選擇境況中，採取保守的態度是比較合理的。這裏有一點要附帶澄清的，洛爾斯並沒有假定立約者們的態度是保守的，他所說的是，如果一個人處在原初境況中的話，這個特殊的環境使得他採取保守的態度是比較合理的。因此，當貝利(Brian Barry)說，立約者會認同自己爲那一個階級完全要看他們對於冒險的態度而定，而在這個境況中，他們可以任意採取什麼態度時，他顯然沒有了解到洛爾斯的論點[9]。雖然我不認爲洛爾斯對於這個論點提供了任何有力的論證，上面的分析是我自己提出的，但是，貝利的攻擊，顯然是對洛爾斯的誤解。

---

[9] Brian Barry, *The Liberal Theory of Justice: A Critical Examination of the Principal Doctrines in A Theory of Justice* (Oxford: Clarendon Press, 1973), p. 96.

4. 二個公正原則以及自由之優先性的導出及理據

如果立約者在原初的境況中採用最高程度最低額做爲選擇的指導原則，則他們似乎很自然地就會選擇洛爾斯的二個公正原則做爲安排社會基本結構的原則。在說明這二個原則的理據(justification)之前，我要先提一下這個推導(derivation)的性質。

在討論二個原則時，我們曾經提到，在日常的分配問題中，洛爾斯所用的是純粹程序公正(pure procedural justice)這個概念來處理的。在推導二個原則的過程中，他也借用這個概念來說明立約者選擇這二個原則這個行爲爲什麼能夠構成它們成立的理據。在原初的境況中，沒有人知道什麼是公正的原則，也沒有人知道什麼樣的分配才是公正的。但是，我們卻能夠設立一套程序，如果遵循這個程序能得出一組原則，則它們就是公正的原則。原初境況所提供的正是這樣一套公平的程序(fair procedure)。洛爾斯說：

> 原初的境況這個設想就是要訂立一套公平的程序，這樣，任何被同意的原則將會是公正的。它的目的就是要用純粹的程序公正這個概念作為理論的一個基礎。(第136頁)

首先，如果在原初境況中的立約者們採取最高程序的最低額的規則作爲指導他們選擇的規則，則他們將會選擇第一個原則這點應該是很自然的事情。大家都希望能夠得到最高程度的自由以及最多的權利，同時，大家也不希望別人的自由與權利比自己多，因此，解決的辦法就是大家都有相等的最高度自由。在這裏，我們所要記住的是，立約者們全都是一些自利者，他們選擇大家有平等的自由並非出於任何道德的動機，也就是說，他們並非由於認爲人類有某些基本的權利，根據這種權利，如果分配不平等的話，從道德的觀點來看是不能被接受的才做這項選擇。他們之所以選擇平等的最高度自由及權利乃是由於怕自己在離開原初的境況回到社會上後會吃虧。因爲，如果他們允許某些人的基本權利比別人要多一點的話，例如，智商在 120 以上的人比別人的基本權利要多一點，則由於他們並不知道自己的智商如何，在回到社會後，很可能他的智商是低於 120 的，因而也就享有較少的權利。這對他們來說是不利的，由於無知之幕的作用，使得大家不敢冒這個險。所以，大家會無異議地接受第一個原則。上述的這個推理也同樣地適用於物質及社會地位的分配。立約者們開始也會選擇一個在經濟、社會及其他非基本權利上平均分配的原則。每個人都得到一樣多的經濟利益。但是，由於他們是純粹的自利者，在原初的境況中，他們所想追求的是洛爾斯所謂的基本有用物品，而且，對他們而言，擁有越多的基本有用物品越好，因此，我們會想，如果有一種不平等的分配使大家都能受益的話，則這種不平等應該是被允許的，我們可用下列圖表來表示這種推理：

	S_1	S_2
A	5	7
B	5	9

S_1 與 S_2 是兩種不同的分配情況，A 與 B 是兩個人，那些數字表

示基本有用物品的單位。在 S_1 中，A與B有同樣多的基本有用物品，S_2 中A有7個單位B有9個單位的基本有用物品。A與B都會想，如果他們有可能由 S_1 進入 S_2，則這樣的轉變對大家都有利，立約者不會只是因爲別人比自己擁有更多的基本有用物品而嫉妒，所以理性會告訴他們 S_2 要比 S_1 更好。他們沒有任何理由停留在 S_1 中而不選擇 S_2。立約者們會想，他們可以把這種不平等視爲一種投資，這種投資可以給他們帶來更大的利益。由於人的天生才能是不同的，如果允許才能較高得到較多一點基本有用物品，則這種報酬可以被視爲是一種引發那些才能較高的人去發揮自己潛力的一種誘惑。只要這種不平等能給才能較低的人也帶來好處就行了。洛爾斯說，要求平等有時候可能是由於嫉妒心所引起的，但是，嫉妒心對大家都沒有好處，因此，他假設立約者們是不會嫉妒的。由於上述的理由，立約者們的理性告訴他們不要停留在平等分配這個原初所接受的原則，而去選擇差異原則。

究竟這樣的推理是否能站得住腳？立約者們即使採用了最高程度的最低額規則之後，他們是否就一定會選擇差異原則？這是整個公平式的公正是否能被接受的關鍵。我將在下一節中對洛爾斯導出差異原則的推理提出批評。這個批評將設法指出，即使立約者們採用最高程度的最低額這個規則，他們仍舊可能不會接受差異原則做爲建立社會基本結構的原則。

上述的推理是洛爾斯在《一種公正理論》一書中所提出的。1974年，洛爾斯寫了一篇短文回答幾位經濟學家對於差異原則所提出的問題[10]。在這篇文章中，他提出了五個理由來支持爲什麼

---

[10] John Rawls, "Some Reasons for the Maximin Criterion," *American Economic Review*, Vol. 64, No. 2, May 1974, pp.

差異原則比效益原則優越。除了第一個理由是我們前面所說的有關立約者們不願意在原初的境況中把自己及後代的人生計劃做冒險之外，其他幾個理由，我們可以簡述如下：

(1) 差異原則比效益原則在應用時所需要的訊息少得多。只要我們能指出那些人是處於最不利地位者時，差異原則就可以被使用。但是，效益主義需要更多的訊息，而且這種訊息的客觀性也不是那麼容易就被建立起來。要取得最多的效益（古典的效益主義）或最高的平均效益（平均效益主義），我們都必須採取一個共同的標準來比較每個人或每個社會團體所獲得的效益。但是這個標準的客觀性本身並不是完全沒有問題的。效益主義必須假定每個人都有一個相同的效益函數 (utility function)。

(2) 分配原則是用來處理社會合作時每個參與者應該得到什麼權利、好處及應該有些什麼責任的原則，因此，它們的特性之一是公開性 (publicity)。公開性所表示的就是，參與社會合作者對它們都具有相當程度的認識，同時也了解到別的參與者也像他一樣地接受這組原則；除此之外，參與者也必須了解到在什麼情況下一個政策或一個社會機構滿足了這組原則。這個要求使得這組原則本身不能過於複雜。在一個政策或一個社會機構是否滿

(續)141-46。在這裏，Maximin Criterion 與書中的 Maximin Rule 不是同一個東西。Maximin Rule 是我們上節中所談的最高程度的最低額這個選擇規則，Maximin Criterion 所指的則是差異原則。洛爾斯對於 "Maximin" 這個詞的使用不是很小心，在書中，有時候他指的是前者，有時候指的是後者。見 Singer 對這點的批評：Marcus Singer, "The Methods of Justice: Reflections on Rawls," *The Journal of Value Inquiry*, Vol. X, No. 4 (W. 1974), Appendix II, p. 315.

足一組原則這點上，差異原則要比效益原則較爲明顯。我們能夠較精確地指出究竟一個政策是否滿足了差異原則。效益原則由於上述的客觀效益標準不容易建立，因此，在使用它的時候，我們也比較不能精確地計算出來究竟它是否被滿足了。由於兩者精確性的不同，前者在滿足公開性這點上要比後者要高得多。

(3) 另外一個支持差異原則的理由是，在人們接受一組道德原則作爲規範時，他們會考慮到自己對這組原則能作多少承擔(commitment)。如果一組原則需要人們作出較多的犧牲，則它們可能被接受的機會就較小，處在原初境況中的人選它們的機會也同樣的就比較低。就這個角度來看，差異原則也比效益原則較爲優越。效益原則要求人們在某些情況下，爲了最高的效益而做出犧牲，但這些效益卻讓別人去享受，這種要求對一般人而言顯然是過份的。在平常的狀況下，很少人會認爲純粹只是爲了增進總體的效益而犧牲自我乃是一種合理的安排。由於這個緣故，大家願意承擔或遵守這個原則的可能性也就較低。這就是爲什麼效益主義一再要強調同情 (sympathy)、慈善 (benevolence) 等道德情操的道理了。有些批評者甚至指出，效益主義那種要求每個人爲了最高效益而作自我犧牲的道德乃是一種幻想式的道德(morality of fantasy)。就這點來看，遵循差異原則對人們所作的要求就要小得多。處於最不利地位的人當然會覺得這個原則是最容易遵守的，因爲這個原則所規定的對他們最有利。他們不會被要求爲了別人的利益而作自我犧牲。差異原則所碰到的問題反而是從處於較有利地位的人這邊來的。他們會問，爲什麼要規定只有在增進處於最不利地位者的情況下，他們才能得到更多的利益？對這個問題，我們可以作這樣的回答：第一，他們在社會中所處的地位究竟比別人要優越。這個優越的地位之所以可能的條件之一是由於大家合作而並非純粹只是由於他自己努力。其次，差異原則並不像平等原則那樣，它並沒有要求處於最有利地位的人爲了別人的利益而作太多自我犧牲，它所規定的只是，有利者只有在對於最不利者有利的情況下才能取得更多的利益。處於有利地位的人會想，如果這個條件他都不接受的話，社會合作也許就會解體，這樣對他也不見得有利。因此，要他接受及遵守差異原則就不像要那些爲別人的利益而作自我犧牲的效益原則那麼困難。

(4) 除了上述三點理由之外，差異原則最有力的理據還是在公平式的公正認爲人是自由的以及他們之間是平等的這個看法。由於接受了第一個原則，以及公平的機會均等的原則，因此，只有民主政體才是能被接受的政治方式。但是，即使人們之間是平等的，這也不表示每一個人在所有東西的分配上所得到的都應該完全一樣，這是不切實際的要求。有些人需要比別人多，有些人天生的聰明才智比別人高。由於天生的聰明才智並不使一個人有道德上的權利享受這些資產，但是白白地浪費這些資產而不讓它們得到發展又是一種愚蠢的行爲。這些自由及平等的人會想，他們該用什麼原則來規定如何讓這些共同的資產得到發展以對大家有利？當效益主義要求人們爲了製造最高的效益而努力時，好像它也是把個人所具的資產視爲共有的，但是，當它要求某些人爲了別人作犧牲時，那些被要求做犧牲的人會問，如果所有的資產是大家所共有的，那麼爲什麼在全體效益增進時，反而我所得到的變得更少了呢？很顯然的，就這個角度來看，我並不享有這些資產。只有在所有人都能由於效益的增加而獲益時，我才能說我也對這些資產具有一種權利，這樣看來，效益主義並沒有把每個人的資產視爲是共有的。只有差異原則才能眞正滿足這點。因此，就共同資產的觀點來看，差異原則也比效益原則更爲合理。

從這裏，我們可以轉到自由的優先性這個問題。所謂自由的優先性所指的就是我們在討論兩個原則時所謂的字典性的秩序(lexical order)。第一個原則比第二個原則具有優先性，而第二個原則中，公平的機會均等原則又較差異原則有優先性。第一個原則中所指的自由是洛爾斯所謂的基本自由（basic liberties)，它們包括政治自由（投票權及參加公共職位的競選權）；言論結社自由；良心及思想自由；人身自由及擁有（個人）財產的自由；不被任意逮捕的自由。（第 61 頁）所謂自由的優先性所指的就是這些基本自由所具有的價值比其他基本有用物品的價值要高。因此，我們不會也不應該用自由來交換這些東西。但是，這種優先性並不是絕對的。對一個極度貧乏的人而言，吃飯比言論自由要重要得多，因此，這種優先性在一個基本物質已經得到滿足的社會中才能成立，也就是說，自由的優先性只有在「大家的基本要求已經被滿足之後」（第 543 頁）以及社會條件允許大家能夠有效地利用這些基本自由之後才能成立。當然，我們無法精確地指出怎麼樣的社會才算是滿足這些條件。

究竟從原初境況的觀點來看，選擇自由的優先性是不是合理的？爲什麼立約者們會認爲自由的價值要比其他基本有用物品的價值高？當立約者們了解到他們能夠以某些自由來交換物質上的享受時而不去做，是否是一種愚蠢的表現？要回答這些問題，我們不得不談到洛爾斯對於人的基本想法。在這點上，他與米爾在《論自由》一書中對人的看法是一樣的。他們都認爲，人基本上是自由的，這點所指的不僅是說人有自由去完成自己的目標及人生計劃，而是指，人的自由在於他對於人生目標及理想的選擇乃是他自己所決定的。如果只有前者，則就像一個小孩，他的父母替他選定了將來要做醫生，他所具備的自由只剩下如何去完成這個目標。但是，這樣的人，我們不能說他具有完全的自律。只有當一個人能夠替自己選定目標及理想時，我們才能說他擁有自律。只有一個具有完全自律的人，我們才能說他是自由的。因此，立約者們會想，如果我要擁有自律，而成爲我自己的主人，自由的重要性很顯然要比其他基本有用物品爲高，因爲，即使我擁有再多這些物品，如果我不能有全權去使用它們以完成我自己爲自己所設訂的理想的話，這些物品又有什麼用呢？這個考慮，使得他們願意接受自由的優先性這個原則。其次，由於這個優先性並不是絕對的，因此，在當它是有效時，人類對於物質方面的慾求已有了相當程度的滿足。在這種情況下，自由的優先性就顯得更爲迫切了。對一個饑寒交迫的人，言論自由可能是次要的東西，但是，當一個人物質上有了相當程度的舒適之後，言論及信仰自由的重要性就顯出來了。因此，立約者們會認爲這種非絕對的自由優先性是一種合理的規定。同時，又由於人是自由的這個本性，我們會要求大家在基本自由上平等。根據這種對人性的看法，一個人如果比別人在物質上缺少一些東西，我們並不會認爲他在人性上有所殘缺。就人性的觀點來看，一個貧窮的人並不比一個富有的人欠缺什麼。但是，如果我們承認人是自由的，則如果一個人比另一個人的基本自由要少的話，我們會認爲他在人性上比後者要少一點。這就是爲什麼立約者們會要求大家的自由都是同等的的道理。

5. 最高程度的最低額規則能導出差異原則嗎？

洛爾斯認爲，原初的境況與二個公正原則之間具有一種邏輯演繹（logical deduction）的關係，這中間當然要經過一步對於最高程度最低額這個規則的採用。但是，在原初境況中，立約者們採取這個規則要比選擇別的規則合理。這節中我要指出，即使我們假定最高程度最低額是在不定情況下做選擇的最佳指導原則，立約者們即使採取了這個規則，他們也不一定會選擇差異原則而不選平等原則。換句話說，原初境況與差異原則之間並不存在一種邏輯演繹的關係。

當自利主義者們聚集在一起訂合同時，大家都相信，通過與別人合作，他們可以增進自己的利益。差異原則所處理的對象是物質方面的好處。在探討社會合作所引起的物質分配問題時，我們至少要考慮三個可能發生的情況：

(1) 物質的總和多多少少是固定的，而這些物質並非任何人努力的成品。例如，幾個人在野外共同發現一個西瓜。在這個情況下，貢獻與努力這兩項因素都不存在。

(2) 第二個情況是，通過合作，大家所製造出來的物質總數反而比不合作時要少。

(3) 第三個可能是，通過合作，大家所製造的物質總數要多於自己單獨工作的總和。在這個情況下，立約者會面對如何分配大家合作的成果。這個情況與第一個情況不同的地方是，每個人在合作生產的過程中，都作了貢獻及努力。這個不同，使得分配問題變得複雜。

如果是第二個情況出現，問題很容易處理。由於合作使得所生產的物質總和少於自己單獨工作時所生產的總和，這表示，如果大家合作的話，至少有一些人要得到比他自己工作時較少的東西。由於他們是自利者，並且又希望得到最高的效益，因此，合作對他們而言是不利的。很自然的，他們也就沒有理由跟別人去訂一個合作的協議。第一個情況也很容易處理。如果物質的總數是固定的，不能由合作而有所增加，由於立約者們都是自利者，同時又希望獲得最高的效益，如果採用最高程度最低額的規則的話，大家平均分配是最合理的辦法。第三個情況才是契約論所要處理的問題。這個情況蘊涵着，社會是一個大家都可以通過對它的參與而獲益的合作體。這個情況含有原初境況中的部份特性。我們只須再加上無知之幕這項條件，它就與原初境況中的條件完全符合了。我所想要指出的是，這些立約者們卽使是採取了最高程度最低額這個規則，他們也不一定就同意接受差異原則。他們有理由可以認爲平等原則會更加符合自己的利益。

假定一共有十個立約者。當彼此之間沒有合作時，他們分別生產所得到的物質的總和是 1000 元。把這個情況叫做 S_1。大家都相信，如果彼此合作，生產總量會有所增加，因此，大家就同意合作。假定合作可以得到物質總和 S_2 是 3000 元。由於合作，他們可以多生產2000元的物質。現在他們所碰到的問題是，如何對大家合作所得的物質進行分配。有二個辦法可以用來處理這個問題：(1)採取一個原則來分配 S_2 的總數；或 (2) 這個分配原則只用來處理因大家合作所得到的多餘的物質，也就是，$S_2—S_1$ [11]。

---

[11] 參看 Robert Nozick, *Anarchy, State and Utopia* (New York: Basic Books, Inc., 1974), p. 184.

洛爾斯並沒有考慮到有這二個可能的處理辦法。他只想到第一個處理的辦法。這個辦法可能比較符合實際，因爲我們很難知道在大家不合作的情況下，每個人能夠生產多少物質；同時，大家合作所能得到的總和 S_2 要比不合作所得到的總和 S_1 高出太多，因而，S_1 實在不是有很大的意義（雖然在我們舉的例子中並沒有顯示出這點）。假定在自然狀態下（沒有合作），處於最不利地位者能夠生產 80 元的物質（大家生產的總和是 1000 元），處於最優勢者可以生產 120 元。由於大家都想增進自己的物質條件，他們決定合作。當然，一決定合作，自然就碰到應該採取什麼原則來進行分配的問題。他們必須從許多分配原則中進行挑選。我們現在假定其他所有原則都被淘汰了，只剩下差異原則與平等原則。無知之幕後面的立約者要從這兩個原則中選取一個作爲他們的分配原則。

根據差異原則，假如處於最劣勢的人，由於跟別人合作可以得到 150 元的物質，而處於優勢的人可以得到 400 元的話，前者應該接受這項不平等（生產總值爲 3000 元）。這項不平等之所以可以或應該被接受是由於我們必須用它來作爲一種對處於優勢者肯盡更多的努力的鼓勵，而由於這項努力，大家的生產總值才能增加到 3000 元；同時，由於生產總值的增加，處於劣勢者才能獲得 150 元。就處於劣勢的人來說，拒絕這種不平等的分配，是一種不合理的表現，因爲如果他不允許這種不平等，他的所得就會少於 150 元。上述的推理就是差異原則的整個根據。但是，這個推理本身似乎有問題存在。

處於最劣勢的人相信：（1）在原初的境況中，最高程度最低額規則是最合理的選擇規則，（2）每個人都是自利的，（3）立約者們的動機之一是爲了獲得物質上的利益，(4) 由於大家合作，生產總値會有所增加，但是，他不知道究竟這個總値會增加多少。假如他相信 (1), (2), (3), (4) 的話，我們可以想像他可能會作一個與引導出差異原則完全不同的推理，而這個推理至少與引導到差異原則的推理一樣的合理。

	X	Y
A	100	100
B	150	400
C	300	300
D	200	200
E	120	120

在這個表中，X，Y代表兩個人，X是處於最劣勢者，Y是處於較優勢的人。所謂優、劣，在這裏是就生產物質所需要的能力而言。A, B, C, D, E是對於不同的財富總和在十個人之間可能的分配辦法。（在A中，財富的總値是1000元，B與C中是3000元，D中，是 2000 元，而E中則是 1200 元）。在考慮該採取什麼分配原則時，我們只須要挑出X與Y兩個參與者就夠了。A這個情況中的總値 1000 元，是這十個人在沒有合作的情況下，個別生產所得到的總値。當立約者們首先選了第一個原則將所有的東西都平均分配時，它的結果是每個人得到 100 元。由於合作，他們的生產總値有可能增加到 3000 元。這時候，立約者面對了採取什麼原則來分配他們新獲得的財富這個問題。洛爾斯的論證指出，他們會採取差異原則。這個原則可以被用來證立B。在B中，處於最不利地位者X得到 150 元，而處於優勢的Y得到 400

元。但是，我卻認爲立約者們較有可能會選擇平等主義而不選擇差異原則。X會作這樣的推理：如果接受差異原則，他將會得到150元，而Y可以得到400元。但是假定他選擇平等原則的話，每個人的所得都一樣多，因而，他就可以得到300元（在C中的分配）。當然，他會考慮到立約者們的動機問題，由於他們的動機中，起碼有一部份是受物質的誘惑才參加合作的，因此，如果處於較優勢的人不能得到400元的話，他可能不會盡全力去生產，因爲即使再努力所得到的也跟別人一樣多，他何必盡全力呢？由於這個緣故，大家合作的生產總值也就極可能會低於B的總和（3000元）。這個總和是在採取差異原則允許不平等的分配所獲得的。如果這個情況發生的話，處於最劣勢的人，所獲的也就會少於300元（這個數字是十個人採取平等原則分配B的總值所得到的）。由於生產總值的降低，他們可能製造出2000元的物質，因而X只能得到200元（D），或者甚至少於150元（E），而150元卻是在採取差異原則時他所能夠得到的。但是，X知道，處於較優勢的人參與合作的動機，是想要能夠獲得較多的物質，因此，即使他們選擇了平等原則，爲了他自已的利益，處於較優勢地位的人仍然會在某個程度內盡量地努力去生產，因爲這樣做的話，他所能分得的東西也會有所增加。雖然採取平等原則時，他所能分配到的東西沒有在差異原則下那麼多，但是，只要他的努力並不是負值的，他就會有動機去工作。

如果採取平等原則的話，他們合作所能夠生產出的財富總值會超過1500元的或然率起碼與低於1500元的或然率是一樣的高，在前一種情況下，處於最劣勢地位的人能夠得到超過150元的生產值。這個數值是在選擇差異原則時他所能夠分配到的財富。如果後一種情況發生，他的所得就會少於 150 元。如果這兩種後果出現的或然率差不多，則究竟差異原則與平等原則之間，對處於最不利地位的人而言，孰優孰劣這個問題還是沒有辦法決定的。我們絕不能武斷地說，差異原則一定就比較好。如果在除了所有立約者們都是爲了獲得更多的物質這項動機之外再加上一項有關立約者們心理的因素的話——他們不會忌妒，也就是說，他們不會只是因爲別人的情況變得比較好，心理就不舒服，則我們似乎可以更肯定地說，只要優勢者們努力的所得不抵消掉他所能得到的額外的收益，他就會盡量努力地去生產。除了物質動機之外，由於處於無知之幕後面的立約者們都會採納最高程度的最低額這個規則把自己認同爲處於最劣勢者，他們當然想盡量地使處於這個地位的人獲得更多的利益。由於我們並沒有辦法很精確地計算出究竟生產總值超過 1500 元的或然率是否會高過生產總值低於 1500 元的或然率，因此，選擇差異原則並不一定比選擇平等原則要更合理。我們要注意在這裏所談的或然率並不是前面所說的或然率。前面所說的或然率是有關立約者們在進入社會後到底會處於什麼地位的或然率。由於無知之幕，我們無法計算這個或然率。這裏所談的或然率則是生產總值低於或高於 1500 元的或然率。由於立約者們是爲物質報酬而努力這項動機，再加上他們不會忌妒這項心理因素，我們似乎可以推出，生產總值超過 1500 元的或然率應該是會高於生產總值低於 1500 元的或然率。從上面這段分析，我們似乎可以得出這樣的結論：立約者們究竟會選擇差異原則或是平等原則，完全要看到什麼時候人們（最優勢者）所做的努力會抵消掉這項努力所能給他帶來的利益。但是，這是一個經驗的問題，它受無數的因素所影響，而且它也會隨時間與文化環境的不同而有所變化。

在上面的那個表中，無論是差異原則或是平等原則都會認爲C比B要好，但是，X會牢記在心的是，我們可能用差異原則來支持B，在這個情況下，他所得到的，會比別人要少。我們不能用平等原則來支持B。假如上面有關生產總值超過 1500 元的或然率極可能高過生產總值低於 1500 元的或然率這個論證是有效的話，對X而言，選擇平等原則比選擇差異原則要來得安全得多。除此之外，當立約者們考慮到平等原則所帶來的其他的好處時；例如，除了政治平等之外還有經濟平等，除了均等的自由之外再加上平等的自由價值（equal worth of liberty），以及大家都能有平等的自尊，我相信立約者會認爲平等原則比差異原則是一種較爲合理的選擇⑫。

⑫ 見Kai Nielsen, "Class and Justice"，本文收入 John Arthur 與 William H. Shaw 所編的 *Justice and Economic Distribution* (Englewood, New Jersey: Prentice-Hall, Inc., 1978), pp. 232-234.

第五章　契約與道德方法學

1. 契約論所面對的一個二難式

上面提過，契約論者在建構自然狀態這個理論的出發點時，他心目中的理想是把一些他認爲人性中本質的部份以及人所處的環境中不可逃避的條件包括進來。自然狀態這個理論上的設計是用來區分自然的與偶然的條件❶。契約論者之所以堅持自然狀態中的條件所包括的是人性的本質部份以及環境中不可逃避的條件是因爲，從這種條件中推導出來的理論具有較高的普遍有效性。如果自然狀態中所描述的都是些歷史上的偶然因素，則一個不同文化背景的人可以指出，由於文化的不同，這個理論對他們是無效的。爲了達成這個目標，傳統的契約論者立刻就碰上了一個二難的困局。他究竟該怎麼決定那些才是人性中的本質部份以及人所處的環境中不可避免的條件，因而應該把它們包括進自然狀態

❶ 有關這點，見 Milton Fisk 的文章 "History and Reason in Rawls' Theory"，本文編入 *Reading Rawls* 一書中，編者是 Norman Daniels, (New York: Basic Books, Inc., 1975), pp. 53–80。

中；那些不是人性中的本質部份以及人所處的環境中不可避免的條件，因而應該把它們排除在自然狀態之外？這個二難式的第一個角（horn）是，自然狀態中所包含的條件太少了，因此它的力量太弱以致不足以推導出一組建構社會及政治組織的原則；這個二難式的第二個角則是，它包含太多的條件，因而，有些事實上是某些歷史條件及特殊文化下的性質也被當做是人性中的本質以及人所處的環境中不可逃避的條件。這樣做所犯的一個錯誤就是把偶然的因素當做是普遍有效的。當然，這樣做的話，從自然狀態中，我們可以推導出一組強而有力的原則做爲建構社會及政治組織的基礎，但是，由於它們是由一些偶然的條件中所推導出來的，它的有效性當然也就會大大地打了一個折扣。這就是麥克弗森（C. B. MacPherson）在討論霍布士的理論時所指出的契約論所可能遇到的困難。麥克弗森提出的論點是，當我們在解釋霍布士有關人性的本質部份的心理學命題時，如果我們把這些命題認爲只是關於感覺、想像、記憶、理性、慾望以及憎惡等因素的話，則這些命題就不足以強到可以推導出一個主權（sovereign）的必要性。

> 假如，換一個角度，我們把心理學的命題這個詞用來包括霍布士有關人類在任何社會中彼此間必然會有的行爲的話（這就是說，所有人都想要更多控制別人的權力），……則這些心理學的命題就包括了所有導出主權的必然性時所需要的命題，但是，這樣子的話，這些命題就不只是有關人類這種動物本身（the human animal as such）；我們就必須加入一些關於人類在文明的社會中的行爲的假

設❷。

洛爾斯也了解到把自然的與歷史上及社會上偶然的兩者區分開來的必要性。由於他的理論的目的是要建立公正或道德原則而不是政治組織，因此，他心目中所謂的自然所指的乃是，當人被認爲是一種道德性的存在並具有一種公正感的時候，那些特性是構成這種存在的本質性的部份。原初境況的作用是相應於傳統契約論的自然狀態這個設計的，因此，原初境況中所謂的自然，是就道德的觀點來看那些性質是人的本質部份以及人類所處的環境中不可避免的部份。有一點我們應該牢記在心的是，當他規定原初境況這個理論設計時，他所用的語言充滿了直覺式的氣味。例如，他常會說這類的話：某一個條件「看起來那些立約者會認爲是自然的而接受它，」或者是，「將這個條件加上去似乎是合理的」等。洛爾斯對於傳統契約論所面對的二難式有很高的警覺。他了解到，如果他想要建立一組實質性的道德原則的話，原初境況就必須包含一組強有力的條件才能足以推導出這組原則；但是，如果這樣做的話，他可能必須冒險，這個險就是把一些有爭論性的假設包含在原初境況中。另一方面，爲了避免引進有爭論性的假設，原初的境況又可能過於弱以致不能推導出一組實質性的原則。因此，與傳統的契約論一樣，用契約這個設計來做爲建立道德理論的方法時，我們也會碰到類似上述的二難式。然而，

❷ C. B. MacPherson, *The Political Theory of Possessive Individualism* (London: Oxford UP, 1962), p. 18. MacPherson 認爲洛克也犯下同樣的錯誤。他也把一些某個社會中特具的性質當做是所有人類社會都普遍具有的性質。p. 288.

由於洛爾斯的契約論是一個道德的理論，他所面對的二難式又有它本身的特殊性。

這究竟是一個什麼樣的二難式？在回答這個問題之前，我們必須先對什麼是契約式的道德理論有一個概念。一個道德理論是契約式的只要並且只有當它宣稱或主張所有道德原則（包括分配公正的原則以及個人的責任及義務的原則等）都是由契約所導出或是建基在契約上的，無論這個契約是明確的、隱然的或是假然的。根據這個定義，假如在一個理論T中，有一些原則並非由契約這個概念所導出或並非建基於契約這個概念之上的，或者，在訂立契約之前，立約者們已經接受了一些道德的原則及信念，而這些原則及信念是不可動搖或推翻的，則T不是一個契約式的理論。由於這些原則是不能被推翻的，而立約者們還沒有訂立任何合同，所以，它們並非建基在契約這個概念之上，而另有別的基礎。從這個分析，我們可以指出，對洛爾斯而言，這個二難式的第一個角就是：如果一個道德理論是契約式的，則根據上述的定義，描述自然狀態中的那些條件不能包含任何立約者們已經接受了的道德原則及信念❸。特別是，我們必須假定立約者們事先並沒有接受任何道德原則把彼此團結在一起，他們有自由不參與任何契約的訂立❹。假如是這樣的話，我們就無法知道爲什麼那些立約者們最後所選擇用以規範社會分配及個人行爲的原則是道

---

❸ 在這裏，我們暫時先不管前面所指出的有關道德理論不可能是契約式的那個論證。那個論證中指出，任何契約式的理論都必須事先肯定忠信原則的有效性。

❹ 洛爾斯自己也淸楚地指出這點。他說：「更進一步的一個假定是，參與者們是想儘量地增進自己的好處，在努力這樣做時，他們並不被任何彼此之間先前的關係所束縛。」（見128頁）

德原則而不僅只是一種規範性的但是與道德無關的原則。有關這點，萊恩斯（David Lyons）指出，我們可以把差異原則視爲是立約者們爲了自己的利益而從平等原則所做的一種乖離。由於立約者們完全缺乏任何道德的動機，我們很難有根據說這個原則是一個道德原則❺。對於洛爾斯是否能成功地由一個社會契約指認出公正原則這點，貝利也提出了他的質疑。他說：「但是，重要的是要了解究竟他認爲什麼是可以被推演出來的，什麼是不可以被推演出來的。洛爾斯並沒有說，他可以給予『無論什麼原則，如果是被選中的話，它就是公正原則。』這個命題一個演繹的證明。」❻

這個二難式的第二個角是，如果原初的境況包含太多的條件，特別是，如果我們把它規定爲，在其中的立約者們已經接受了某些道德原則，則這個理論就不能夠成爲一個純契約式的道德理論。根據上面對契約式道德理論所下的定義，任何理論如果肯定有些道德原則並非根據契約而來的話，它就不是契約式的道德理論。洛爾斯的理論所表現的正是這種特性。這裏，我將要更推進一步地來指出，以契約概念作爲道德理論的證立方法將是一種

❺ 萊恩斯提出下列這樣一個講法：假定一個社會是建基在平等原則的基礎上的。它的成員瞭解到，如果允許某種程度的不平等，每個人在物質財富上都會有所增進。然而，他們仍舊願意遵守平等原則。如果是這樣的話，從自利的觀點來看，他們是非理性的。但是，如果從道德的觀點來看，我們似乎不能指責這個社會是不公正或有缺點的。然而，根據洛爾斯的理論，它是有缺點的。見 Lyons 的 "Nature and Soundness of the Contract and Coherence Arguments"，本文收在 *Reading Rawls* 一書中，見第 152 頁。

❻ Brian Barry, *The Liberal Theory of Justice* (London: Oxford UP, 1973), p. 11.

失敗的嘗試。

2. 社會契約與道德理論的證立

像洛爾斯這樣一個契約式的倫理學家面對上面那個二難式的時候，他有些什麼應付的辦法呢？第一種應付的辦法是，他可以放棄契約論而承認，在他的理論中，自然狀態中的條件具有道德力量。如果他這樣承認，那麼這個理論中，契約就不再是道德原則的唯一基礎，因而，他的理論也就不再是契約式的。雖然洛爾斯不承認，事實上他的理論正是這樣的情況。前面我們所提出的分析指出，原初境況中所描述的一些條件事實上才是推導及證立公正原則的最後基礎就構成了對這種說法的一種證明。第二種辦法是，一個契約論者可以繼續宣誓他對這種理論的信念，而去找出另外的辦法來指認什麼是公正原則。這是洛爾斯想要採取的辦法。我們將要討論這個二難式在洛爾斯的理論中如何出現以及他的解決辦法。在第二章中我們很大略地接觸到這個問題，這裏我們將對它做詳細的探討。

這裏所牽涉到的是有關如何用契約這個概念來建立道德理據的問題。我們所感興趣的是契約論者所肯定的，任何經由大家同意接受的原則就必定是道德或公正的原則這個論旨的合理性。把這個問題應用到洛爾斯的理論上來，我們將特別提出下列這個問題：我們有沒有任何理由可以說，那些爲了增進自己的利益的自利主義者，當處在洛爾斯所描述的原初境況中做選擇時，他們最後所選出用以分配權利及義務的原則必然是一組公正原則？這組原則將被處在原初境況中的立約者們所選中這個事實是否就足以構成他們具有公正原則的資格？這個問題不能夠與另外一個問題混淆——洛爾斯的二個公正原則（假定我們已經知道它們是道德原則）是否比別的公正原則較爲優越。這裏所牽涉的問題是，我們根據什麼可以知道，原初境況中立約者們所選的原則與道德有任何關係。另一個問題則是在知道了二個理論都是實質的道德理論之後，我們根據什麼標準來評斷它們的優劣？在第一個問題沒有解決之前，我們不會去處理第二個問題。就這個意義而言，第一個問題比第二個問題具有優先性。同時，對第二個問題的回答所牽涉到的問題可能與對第一個問題的回答所牽涉到的東西完全是二種不同的程序或方法。然而洛爾斯卻認爲他的契約方法對於這二個不同類的問題都能夠同時提出答案。他論辯說，一組原則會被立約者們選擇這個事實就表示：(1) 這組原則是道德原則，(2) 這組原則要比別的原則優越。我將不處理如何比較道德理論優劣的問題，而只集中來討論洛爾斯的第一個聲言：——任何立約者們所選擇的原則都必然是公正原則。

洛爾斯建立公平式的公正這個理論的主要目的是要在效益主義、直觀主義及完美主義之外提供給我們一個別的選擇。由於他深信效益主義在西方倫理及社會上有著根深蒂固的基礎，他一定也充分地了解到他的理論會引起很大的爭議，因而，它需要強而有力的理據。道德方法學在這裏扮演一個重要的角色。

傳統上，有二種倫理學家們經常採用來證立道德理論的方法。洛爾斯對於它們都不滿意。第一種廣被應用的方法，洛爾斯將它稱之爲笛卡爾主義（Cartesianism，這個字是由 Descartes 而來的）。這種道德理論的證立法，一開始就提出一組被認爲是自明的原則 (self-evident principles)。從這組自明的原則，我們再採用演繹推理的技巧導出一組實質的道德原則。笛卡爾主義者們認爲，我們可以不需要證明就發現這樣的一組道德眞理，有些人甚至認爲這組原則是必然地眞。在道德哲學中，第二種我們常碰到的證立方法是自然主義（naturalism）。自然主義方法的第一步是用一些非道德性的詞語來界定道德性的詞語，然後再用日常我們所接受的常識或科學的程序來證立道德的原則。雖然自然主義者們並不認爲有一組不證自明的道德原則，但是他們也不認爲自己的證立方法會造成任何的困難。只要我們對於一些基本的道德詞語能夠界定得妥當的話，對於道德原則有效性的證明就像對於科學理論的證明一樣，並不會造成一種特別的問題。洛爾斯對這二種證立方法都不滿意。因爲我們找不到一組不證自明的基本道德原則可以做爲其他實質的道德原則的基礎，因而，笛卡爾主義是站不住脚的。洛爾斯指出，如果我們把道德原則視爲立約者們在原初境況中，對於普遍的事實有了解的情況下所作的選擇的話，則它們就不是必然性的。自然主義由於把定義視爲建構道德理論的主要工作，而那些定義本身最後還是需要找到理據，因此，它成功的希望也不大。如果我們回想一下洛爾斯對於道德理論的想法，則就不難了解他爲什麼會反對這兩種證立的方法。他在方法學等基礎問題方面，深受他的同事蒯英（Quine）的影響，因而採取了一種整體主義（holism）的立場。從這個立場，他認爲在建構實質的道德理論時，概念分析的方法是不足夠的。在〈論哲學的方法〉一文中，尼爾森（Kai Nielsen）把這點說得很清楚：

當我們專門來考慮洛爾斯的作品時，必須牢記在心的重點是，在有關基礎方面的問題，他深受他的同事蒯英的影響。特別可以指出的是，這表示他對於分析與綜合的區分（一般所公認的區分）並不賦與甚麼哲學意義，並且，他不認為他份內的哲學工作是對於道德或政治的概念作分析或闡釋。他對於闡釋概念的分析工作與探討實質上的問題的工作並不作明顯的區分——他認為這種區分是不自然的，更不用提把前者當作哲學唯一的份內的工作這種主張了。洛爾斯提出實質的主張，把他的理論建立在非必然性的事實上，借用科學上的理論，並且把他自己的主要工作——道德哲學的工作——視為是給予我們道德能力的一個說明。這種能力包括提供及辯護我們有關對、錯以及好、壞的深思熟慮的判斷❼。

由於對笛卡爾主義及自然主義的不滿，再加上對於道德哲學的基本看法，洛爾斯必須提出自己對於道德原則證立的方法來。在推導與證立道德原則這個問題上，洛爾斯採用了二個方法，他認爲，一組道德原則之所以可以成立能夠由下面二種方法得到證明：(1) 如果我們可以證明這組原則是立約者們會選擇的。這是契約的方法。(2) 如果我們可以證明這組原則與我們對於道德問題的深思熟慮的判斷相吻合。這是反思的均衡法（method of reflective equilibrium）。這第二個方法我們在前面已簡單的說明過。由於篇幅的關係，我在這裏將不對它做檢討及批判。我將集中在對契約方法的檢討與批評。

❼ Kai Nielsen, "On Philosophic Method," *International Philosophical Quarterly*, Vol. XVI, No. 3 (Sept. 1976), pp. 358–59.

所有的契約論者都共同擁有二個基本的概念。第一個是集體選擇這個概念。契約論者們認為，一組原則之所以得以成立的理由是因為立約者們已經或將會選擇這組原則。也就是說，大家的同意是構成證立的基礎。我們已經提出過一些論證反駁這個想法。第二個契約論者所共同擁有的想法是對於直覺這個因素的一種根深蒂固的懷疑。雖然他們都承認，在處理道德及政治哲學中的問題時，我們無法完全摒棄直觀，但是，他們想要把對直觀的依賴減到最低的程度。通常他們達到這個目的的辦法是清楚地描述一組條件做為理論的出發點，然後希望能夠用嚴格的演繹法由這個出發點推導出一組原則。這也正是洛爾斯在建構他的理論時所採用的步驟。對於這個步驟，他說：

「這個論證最後所企望達到的是嚴格地演繹性的……我們應該追求一種道德的幾何學以及這個名詞所意謂的所有的嚴密。」（第121頁）

但是，儘管心中有這種理想，洛爾斯還是不得不承認，他的理論中依賴直觀的成份還是很重。緊接著前面那段引文之後，他就說：「不幸的是，我將提出的推理，由於是高度的直觀性的，因此，離這個目標還遠得很。」（第121頁）

3. 合理的選擇與道德原則

洛爾斯如何去完成他所追求的演繹的嚴密性呢？他所採用的策略是設法把那些缺乏大家所共同接受的解決程序的基本道德問題，轉化為一種比較有公認的解決程序的合理的選擇問題。這樣子做所達成的結果是用合理的慎思判斷（judgments of rational prudence) 來取代道德判斷。由於這種替換，採納與證立道德原則這個倫理學中最基礎性的問題就轉化成如何找到一個合理的集體選擇的方案的問題了。原初境況的設計，就是這個目標的體現。這個設計是把道德原則證立的問題化約成爲合理的集體選擇的問題。立約者們的自利的動機以及具有經濟性的理性這二點保證了他們的判斷是合乎工具——目的這種經濟理性的判斷。這個選擇的解決方案是一組原則。對於這組原則，洛爾斯做出下列四點肯定：(1) 對於這個合理的選擇問題，我們能夠提出一個解決方案；(2) 任何立約者們所同意接受的原則就是道德原則或公正原則；(3) 立約者們會接受這個原則這個事實就是我們肯定這組原則乃是道德或公正原則的理據；(4) 如果一組原則被立約者們選中，這點就足以有效地證明這組原則比別的原則優越。

有關 (1) 與 (4) 二點，洛爾斯認爲：(a) 他所提出的二個原則就是原初境況中這個合理選擇問題的解決方案；(b) 立約者們選擇他的二個原則就證明了它們比其他公正原則，例如效益原則，要來得優越。這二個命題究竟能不能成立，是值得爭論的。前面我曾經對差異原則的導出提過批評。但是，這裏我所要處理的問題與它們無關。我這裏所關心的是 (2) 與 (3)。這二點聲明彼此之間有密切的關連。這種契約論式的道德方法學引起人們下列的懷疑：我們有沒有任何理由相信一個對於合理的、愼思的問題的解決方案就構成一組道德原則？我們有沒有任何理由相信，任何具有理性的自利主義者，當他們身處在原初境況中時，爲了能夠達到個人最高的利益而選的一組原則就必然是公正的原則？把採納道德原則的問題轉化爲合理的、愼思的選擇問題究竟是不是合法的？道德與精打細算之間難道不是有很明顯的區別嗎？

洛爾斯自己也清楚地意識到上述的區別。他一再說，自利主義（egoism）並不代表任何一種道德的觀點，它的意義在於對道德觀點的挑戰。他也了解到公正與效率是二個截然不同的範疇。有些社會制度可能效率很高，但卻不公正；有些則是公正的，但效率卻沒有那麼高。他認爲，效益原則有時候爲了提高總體及平均的效益而要求某些社會的成員降低自己對生命的期望。因爲這個理由，他認爲效益主義不能被接受。這樣的做法，從經濟的觀點來看可能是合理及有效率的，但是從道德的觀點來看卻是不公正的。洛爾斯指出，對效益主義者而言，「正確的決定基本上是一個高效率的行政問題。」（第 27 頁）假如這是眞的話，則效益原則是一種在安排生產效益的過程中所採取的一種經濟原則。它與道德或公正沾不上邊，就像交通規則跟公正沾不上邊一樣。我們從洛爾斯把他的理論與效益主義作對照的一句話可以證明這個對他的解釋是正確的。他說：「契約理論接受我們對於公正的優先性這個信念乃是對確的，效益主義卻想提出一個說明來解釋爲什麼這些信念只是社會上有用的錯覺。」❽這句話蘊涵著，根據效益主義的理論，道德原則只佔有一種從屬的地位；當它們與效益原則發生衝突時，後者永遠是我們應該先考慮的。無可懷疑

❽ 洛爾斯所提出的「效益原則不是一個道德原則」這個講法是有歧義的。有時候他好像在說，由於這個原則允許甚至要求某一種的社會安排及個人行爲，而這些安排與行爲違反我們某些根深蒂固的道德信念，因此，它是不道德的（immoral)。有時候他又好像在說，這個原則是一個效率的原則，因而與道德無關（non-moral）。前面所引的第 27 頁那句話很自然使我們做後面的一種解釋。當然，當效率原則爲了達到最高的總體及平均效率而任意地要求一些人犧牲自我的利益時，也是不道德的。

的，洛爾斯認爲立約者們會選擇他的二個公正原則而捨棄效益原則。但是，重要的是，他並不排除效益原則被選中的可能性。也有可能，立約者們會認爲效益原則比他的二個原則更爲優越。他說：

> 當然，到現在為止所提出過的所有東西都不足以顯示處在原初境況中的參與者不會選擇效益原則作為界定社會合作的規條。……根據目前我們的一切知識，某一種形式的效益主義被採納是完全可能的。因此，契約理論最終導向一個對於效益主義更深一層並且更加迂迴的證立。（第 29 頁）

洛爾斯所提出的，效益原則基本上是一種牽涉到有效的行政管理的原則這種主張以及立約者們在原初的境況中也可能選擇它這二點蘊涵著一個對合理的，精打細算的選擇問題的解決方案並不一定是一組道德原則。如果立約者們在原初境況中有可能選擇效益原則，而這個原則又與道德無關的話，我們憑什麼說無論什麼原則，只要被他們選中，它就一定是道德原則呢？這個可能性使得我們不得不懷疑用契約概念來作爲證立道德原則的整個構想。

讓我們來檢討一下爲什麼洛爾斯會認爲契約概念在建立道德理論時可以具有提供理據的作用。這個論點的根據是，公正原則可以被視爲是由一種公平的選擇程序所產生的結果。原初境況的功用就正是要保證這個選擇程序對所有參與者都是公平的。「原初的境況這個設想就是要訂立一套公平的程序，這樣，任何被同意的原則將會是公正的。它的目的是要用純粹的程序公正這個概念作爲理論的一個基礎。」（第 136 頁）當然，把分配公正的問題視爲一種純粹程序公正的問題主要是由於我們找不到一個獨立的標準來指出怎麼樣的分配結果才公正。因此，我們只好依賴一個純粹的程序。純粹的程序公正這個概念，我們在前面已經詳細地討論過，所以這裏不用再重覆。

在有關奠立道德原則的基礎這個問題上，使用純粹程序公正這個概念究竟是否正確這點並非是自明的。效益主義就不把選擇道德原則解釋爲一種純粹程序公正的問題。我們至少可以說，在這點上，洛爾斯並未提出決定性的論證可以指出效益主義是錯的。除了這點之外，還有其他更多的困難。爲了保證立約者們推論的結果是公正的，我們必須先有辦法提出保證這個程序本身以及做爲這個推論的出發點的背景本身是公正的。然而，在還沒有獲得一組公正原則之前，我們卻缺少一個究竟什麼才是公正的這種標準。公正原則乃是立約者們共同愼重考慮 (deliberation) 後所得到的結果，而不是它的前提。由於這個困難，洛爾斯不得不退縮一步，而採用「公平」這個觀念。當他無法說立約的程序以及它的背景必須是公正的時候，他只能說這個程序及背景是公平的。原初境況中所規定的那些條件就是爲了達到這個目的。例如，立約者們不知道自己的才能、宗教信仰、嗜好等假設，都是用來保證所有立約者們在原初境況中都被視爲是平等的。洛爾斯指出，在這種情況下，公平的背景可以被轉化爲公正的結果。因此，他聲言，由於立約者們最後所同意接受的原則是一種在公平的情況下協議的結果，它們也就一定是公正的。

但是，這組論證並沒有滿足地回答我們原先的問題：我們有沒有任何理由相信，一個對於合理的、精打細算的選擇問題的解決方案必定是一組道德原則？我提出這個問題是由於用契約論的方法來建立道德原則一定會碰到一個二難式；如果一個道德理論是契約式的，則所有它的原則都必須根據契約而來，因而，自然狀態的條件中就不能包含任何道德原則。但是如果自然狀態中不包含任何道德原則，我們怎麼知道立約者們最後選的是道德原則？另一方面，假如我們在自然狀態中包含一些道德原則作爲前提，則這個理論就不再是契約式的，它也不能說契約是所有道德原則的基礎。洛爾斯嚐試以抓住第一個角的方式來規避這個二難式。他所用的策略是採用純粹的程序公正這個概念來界定道德原則。如果我們有充分的理由可以指出，由於立約者們所選出的原則乃是遵循一種公平的程序所做出的愼思熟慮的結果，這樣我們仍可以說，契約論是一種有效的建構道德理論的方法。這樣做的話，我們就可以避免把任何道德原則帶進自然狀態之中。不幸的是，這個二難式不是那麼容易就規避得開的。爲了要使用純粹的程序公正這個概念，洛爾斯在界定這個程序及選擇的背景環境時，必須用到公平這個概念。公平這個概念在這裏負擔起重大的任務。但是，這個概念本身似乎並不是一個道德上中立的概念。爲了要指出某一組描述原初立約境況是公平的，我們似乎必須要根據一組原則才能支持這種說法，但是這組原則本身在道德上就無法是中立的。這一點可以由洛爾斯對於原初境況這個設計的目的得到證明：

> 它的目的就是排除掉那些原則，這些原則成功的機會雖然很少，但是只有當我們知道某些從公正的立場來看是不相

干的事情時，把它們提出來做為接受的對象就仍是合理的。(第 18 頁)

這段話顯示出以契約的方法來處理道德哲學中的問題必然會陷入一個循環 (circularity) 之中。道德哲學最主要的工作就是勾劃出什麼是「道德的觀點」。在設計原初的境況時，我們假定自已對於什麼是公正的什麼是不公正的不能具有什麼知識。根據契約的理論，這種知識乃是契約所導致的結果。假如是這樣的話，我們根據什麼來判斷那些條件對於公正而言是相干的，那些條件是不相干的呢？上面洛爾斯的那段話蘊涵著，如果要把原初的立約境況規定成爲對大家都是公平的，我們至少得知道究竟那些條件從道德的觀點來看是不相干的，否則，我們就沒有理由說，設計這個立約境況的目的是爲了排除一些原則，雖然它們被採納的機會是小之又小。因此，爲了能夠說某些條件是公平的，我們事先必須假定一些公正原則。洛爾斯的原初的境況這個設計很明顯地表現了這個特色：爲什麼我們會認爲沒有人應該由於自然或社會的因素而取得出發點上的利益才是公平的呢？這是否由於我們接受了大家都是生而平等的這個道德原則呢？德窩肯 (Ronald Dworkin) 指出，洛爾斯的契約論背後假定了一個更基本或深一層的理論 (deep theory)。根據德窩肯的講法，洛爾斯這個深一層的理論的核心乃是一種主張，這個主張就是，每一個人都有一種可以要求同等的關注 (concern) 與尊重 (respect) 的權利。德窩肯論辯說，這個權利並非契約所造成的結果，而是使用契約所必要的預設 (presupposition)。因此，他把契約論視爲是一種奠基於權利之上的理論❾。看起來洛爾斯想要以抓住第一個角的辦法來逃避上述的二難式的結果是，他被這個二難式的第二個角所抓住了。

用純粹的程序公正這個概念來處理選擇道德原則的問題還會碰到另外一個困難。卽使接受洛爾斯有關原初的境況體現了公平這個論點，我們仍然可以問，背景環境以及選擇程序的公平是否就足以保證結果的公正？洛爾斯把自己的理論稱爲「公平式的公正」，但是這並不表示「公平」與「公正」這二個概念是等同的，它所表示的是，公正乃是由背景環境及選擇程序的公平所導出。對於「公平式的公正」這個名稱之所以能恰當地表達他的理論的要旨這點⑩，洛爾斯做了這樣的說明：

> 我們可以說，原初的境況是恰當的最初的現狀 (status quo)，因此，在這個情況中所達成的根本協議是公平的。這點說明了「公平式的公正」這個名稱的妥當性：它傳達了一個信息。這個信息就是，公正原則是在原初公平的情況中大家同意接受的。（第 12 頁）

我們可以把這段話中的論證以下列的方式表達出來：

(1) C是一組規定選擇境況的條件，它們是公平的；

---

⑨ Ronald Dworkin, "The Original Position", 本文編入 *Reading Rawls* 一書中，pp. 46–53.

⑩ "Justice as Fairness" 是洛爾斯兩篇較早發表的文章的題目。第一篇發表在 *Journal of Philosophy* 上 (54, 1957, pp. 653–62)，第二篇發表在 *Philosophical Review* 上 (67, 1958, pp. 164–194)。一般討論他的理論時，很少提到第一篇文章。他理論的大略規模，在第二篇文章中才展示出來。

(2) P是一組處在C中的立約者們所選擇的原則；

(3) P本身是公平的，

根據 (3)

(4) P是一組公正原則。

有二個問題在這裏叫人困惑。第一、「公平」這個詞在上引的那段文字中是歧義的。在整本書中，洛爾斯都沒有將它釐清。在 (3) 中，它被用來形容契約的成果，但是，在 (1) 中，它卻被用來形容契約的出發點及選擇程序。在 (3) 中，它的對象是P這組原則，而在 (1) 中卻是原初的境況及選擇的程序，我們必須要提出論證來才能夠講背景環境及選擇過程的公平是可以轉化到選擇的結果上去的。但是，洛爾斯對於這個重要的論點却從來沒有提出過任何論證。他只是假定這種轉化必然會發生。但是，比起第二個問題來，這個問題還不算嚴重。假定我們承認透過有效的演繹推論，原初境況中的公平性可以被傳遞到選擇的結果上去。但是，即使這點能夠成立，我們仍然會困惑於爲什麼從 (3) 可以推出 (4) 來？洛爾斯也沒有提出任何理由來說明爲什麼一個原則的公平性可以轉化爲一個原則的公正性。事實上，由 (3) 到 (4) 是否能構成一個有效的演繹論證這點都叫人懷疑。他承認當他把自己的理論稱爲「公平式的公正」時，他並不是存心要人家以爲他把這二個概念視爲等同。但是，如果是這樣的話，我們有什麼理由相信他已經證明了由原初境況及選擇程序的公平性，立約者們最後同意接受的就一定是一組道德原則或公正原則呢？使用純粹的程序公正這個概念最多所能達成的只是，立約者們所選的原則是公平的。但是，由公平到公正還需要更多的論證才能得到證明。

4. 公正在社會中的角色

第二個洛爾斯用以逃避這個二難式的方法是指明公正原則在社會中所扮演的角色以及它在社會中所具有的功能。這個問題我們在前面曾經談過，所以這裏只是簡單地重述一下。他相信，如果我們能由它們在社會中所具有的功能及所扮演的角色來把它們指認出來的話，則這個二難式就能夠被破解掉。

洛爾斯在許多地方都說，我們之所以能夠指認一組原則為公正原則的辦法是靠它們在社會中所扮演的角色。公正原則被界定為那些在社會合作中，擔負起分派我們的責任與權利的原則。他說：

> 在選擇各項社會組織的安排以決定利益分配以及保證一個適當分配的合約時，我們需要一組原則。這些原則就是公正原則：它們提供在社會的基本組織中如何指派權利及責任的方法，同時，它們也界定社會合作中各人所該獲得的有關利益及負擔的分配工作。（第 4 頁）
>
> 我認為，公正的概念就是由它的原則所扮演的角色來界定的。這個角色就是來界定社會利益的適當分配中如何分派責任及權利。（第 10 頁）

根據這個對公正原則的定義，效益原則、完美原則等都是公正原則，因為它們都具有在社會合作中分派權利及責任的功用。

如果我們可以用一組原則在社會合作中所具有的功能及扮演

的角色來把它界定爲公正原則的話，洛爾斯似乎又可以由抓住第一個角來逃出這個二難式了。用這種方式來指認出公正的原則如果是成功的話，他就不需要借助於契約這個概念以完成這項工作。契約這個概念的作用就只限於導出原則而已。至於爲什麼這組原則就是公正原則這個問題就可以由它們在社會合作中所扮演的角色這個觀點得到答案。這將使得他能夠說，在他的理論中，卽使在原初的境況中不預設任何道德原則，他仍舊能夠保證立約者們最後所選擇的原則是公正原則，因爲他知道，這些原則在立約者們所將進入的社會中所扮演的角色乃是分派權利及責任的工作。而根據上述對公正原則的定義，這些原則就是公正原則。

但是這個做法並不能眞的使洛爾斯規避掉這個二難式，因爲他所提出的公正原則的定義本身是有缺陷的。當他說，公正原則是一組用來在社會合作中分派權利與責任的原則時，他只是指出了一組原則之成爲公正原則的必要條件；但是，我們從這個定義中仍不知道什麼是公正原則的充分條件。我們這樣講的理由是，在社會合作中，有些原則事實上也擔負起分派責任及權利的角色，但是，我們卻不願意說它們是公正原則。讓我舉個例子來說明這點⓫。假定爲了經濟上的考慮，我跟兩個同事約定大家一起組織一個輪流開車上班的小組。我們大家都同意星期一由我負責開車。當我同意了這項安排之後，它就蘊涵著我接受了「星期一我要負責開車帶我的二個同事去上班」這條規則。這條規則使得

⓫ 這個例子是從 G. B. Thomas 的文章 "On Choosing a Morality", 借來的。見 *Canadian Journal of Philosophy*, Vol. V, No. 3. (1975), pp. 357–74. 他用這個例子的目的與我不同。他用這個例子來說明爲甚麼道德原則不是可以由我們選擇的。

今天是星期一這個事實構成我要負責開車這件事的理由。假定我之所以選擇星期一這天負責開車並不是任意的，而有經濟上精打細算的理由。我應該在星期一負責開車送同事去上班以及其他二位同事應該在別的日子負責開車接送我們上班這些規則乃是根據我們三個人所訂的契約；而這個契約中的規則給我們參與者分派了權利以及義務。雖然這些規則具有這項分派責任及權利的功能，但是如果有人把這些規則稱之爲道德或公正原則的話，我想大家都會覺得有點奇怪。今天是星期一這個事實對我們三個人而言足以構成我應該開車送大家去上班的理由，這是由於我同意接受星期一我負責開車的緣故。但是，並不能由於我同意星期一開車送大家去上班這條規則，以及它具有分派權利與責任的功能，就使得它成爲一條道德的規則。同時，雖然今天是星期一足以構成我要送我的同事去上班的理由，但這個理由卻不是我們所了解的道德理由。沒有任何理由可以限制我們在任何時候修改這些規則。只要大家覺得方便，我負責的日子可以改爲星期三，而由別人負責星期一。只要在大家同意的情形下，我也可以暫時跟別人交換一下。只是由於這些規則具有分派權利及義務的作用，就把它們視爲道德原則，似乎跟我們對於道德原則所具有的直覺的了解差得太遠，甚至是相反的。我們很難想像，爲了方便的緣故，道德原則可以這麼輕易地就被改變。當然，如果我同意了星期一負責開車的話，我就不能毫無理由地就拒絕盡我的責任。假如這樣做的話，他們可以理直氣壯地指責我沒有盡到我的責任，或是違犯了一項道德規則——忠信原則。這條道德原則是我們在訂立協議之前大家都遵守的。因爲如果不是這樣的話，訂協議的目的就無法達到。但是，假如我在某一個星期一拒絕開車送我的同事去上班，而他們指責我違犯了一條我所同意的道德原則——我應該星期一負責開車送他們去上班——的話，大家都會覺得這項指責是奇怪的。雖然我接受了星期一開車這項規則，但沒有人會認爲這個事實就使這條規則成爲道德原則。

上面的討論所顯示的是，洛爾斯以公正的功用來界定公正原則這個定義本身就有缺陷。這個定義所指出的只是公正原則的必要條件，也就是說，它指出，如果一組原則不具有在社會合作中分派權利及義務的功能的話，它們就不是公正原則；但是，它並沒有指出它的充分條件。它並不能成功地告訴我們，如果一組原則具有分派權利及責任的功能的話，它們就一定是公正原則。假如我們知道一組原則是公正原則的話（當然，我們到目前爲止還不能辦到這點），我們就可以說它們一定具有分配權利及義務的功用；但是，反過來說，如果它們具有這項功能，則它們就是公正原則這句話卻是假的。

5. 原初境況與道德的觀點

洛爾斯意識到一個對於合理的、精打細算的選擇問題的解決方案並不必然地就是一組道德原則。例如，根據正統的價格理論，在一個完美的具有競爭性的市場制度下，所有人的活動都是爲了增進自己的利益而完全不關心別人的利益時，它會引致一個均衡狀態。這個情狀 (state of affairs) 被假定爲對所有人都是最有利的 (optimal)。但是，卻沒有任何理論可以保證這個均衡狀態是公正的。由於這個困難，洛爾斯必須在契約論的方法之外找出一些另外的辦法來保證所有被處在原初境況中的立約者們所接受的原則就是公正原則。他的第三個規避道德契約論的二難式的方法是指出，原初的境況這個設計包含了一些特點，這些特點是只有道德理論才會具有的。他指出：

> 對於均衡情境究竟是否是道德的這種評估乃取決於決定它們的背景環境。就在這點上，原初境況的這個構想包含着一些只有道德理論才具有的特色。（第 120 頁）

這段話就等於是說，在與價格理論或其他的社會理論相對照之下，由於原初境況中包含一些只有道德理論才具有的特色，因此，立約者們在這個境況中所做的選擇以及所達成的均衡狀態也會是公正的。這個用以證明立約者們所選的原則乃是公正原則的策略跟契約論式的證立方法是截然不同的。後者把負責證明的擔子全部放在契約這個概念上，因此，只要立約者們同意，一切問題就得到解決。這個新的策略卻把負責證明的擔子由契約轉移到原初境況中所描述及規定的諸條件上，指出它們是一些特別的條件。這個策略並不完全依賴上述的將道德選擇轉化爲精打細算的選擇這樣一個辦法。它的成功與失敗乃是要看究竟原初境況是否眞的包含一些只有道德理論中才具有的特別條件。

在評估這個新的策略時，我們可以採取兩個不同的辦法：(1) 我們可以檢查原初境況中的每一個個別的條件，看看它究竟是否具有洛爾斯所說的那種特殊性質⑫；(2) 第二個辦法是指出

---

⑫ Aharon F. Kleinberger 在他的文章中 “The Social-Contract Strategy for the Justification of Moral Principles”, 曾經詳細地做了這個工作。本文登在 *Journal of Moral Education*, Vol. 5, No. 2 (1978), pp. 107-126.

原初境況的條件中至少有一個條件是與道德的觀點不能相容的，也就是說，我們可以指出，由於有一個或多於一個條件出現在原初境況中，它會導引到一個後果，這個後果就是，立約者們無法訂立一個使自己進入道德世界的契約⑬。

在這裏，我將採取第二個辦法來對洛爾斯的論點提出批評。我的論證的主旨是要指出，只有擁有道德價值與具有道德動機的人才會同意接受道德原則做爲他們行爲的規範。自利主義者可能會遵循一些道德規則，但是，這些規則對他而言只有工具性的價值。因此，雖然一羣自利主義者可能訂立一個協議共同接受一組原則作爲分配權利及義務的規範，同時，這組原則也可能跟我們所謂的道德原則是一樣的（假定我們有別的辦法指認出它們），但是它們之一致這個事實只是一種巧合。也就是說，自利主義者們同意接受一組原則這個事實並不能就使得這組原則成爲道德原則。這裏最主要的關鍵就在於，立約者們在立約之前與立約之後的動機是不會改變的。這個假定在契約式的理論中是必要的，而這個假定是用契約方法來處理道德問題的不可克服的困難之一。

根據規定，立約者們彼此不會爲他人的利益著想。這個規定的意思就是，他們不具有仁慈、善意、對別人尊敬等道德式的利

---

⑬ G. B. Thomas 在⑪所提到的文章中也提出一個類似的論證。但是，在該文中他認爲立約者們處在原初境況中時無法瞭解甚麼叫做被道德理由促動而去做一件事。我認爲這種講法是不能成立的。把立約者們規定爲自利主義這點並不排除掉他們能夠瞭解甚麼叫做道德的動機，它只排除掉他們會把這種動機作爲自己行動的理由。即使在日常生活中，一個自利主義者也只是完全沒有道德動機的人，他可能會認爲具有這種動機的人是愚蠢的，但是他並不一定會覺得他們是不能理解的。

他動機。他們也不會因爲這些動機去做任何對別人有益的事。就他們純粹只爲自己的利益打算這點來看，他們是具有理性的自利主義者。所謂有理性的是指他們具有採取最有效的手段去達到自己的目的這個能力。洛爾斯雖然一再強調他們不是自利主義者，但是我覺得他的講法是站不住腳的。他的論點是，要斷定一個人是否是一個自利主義者時，我們要看他追求的目標是什麼。假如他追求的目標是財富、地位、權勢，則他是一個自利主義者，如果他的目標不是這些東西，而是其他的東西，例如藝術上的成就，則他不是自利主義者。（當然，在這裏我們要排除他把別人的幸福作爲他的目標這點。）但是這種講法顯然是不能成立的。只要一個人的人生目標純粹只是增進自己的利益，而完全不考慮別人的幸福時，我們就會說他完全缺乏利他的動機。一個完全缺乏利他動機的人自然就是一個自利主義者。一個藝術家與一個商人儘管在追求的東西上有所不同，但是如果他們兩人所關心的都只是自己目標的實現的話，他們同樣的都是自利主義者。這是我們日常對自利主義的了解。就這個意義來說，原初境況中的立約者都是自利主義者。在原初境況中，他們的目的就是希望能得到盡量多的基本有用物品(primary goods)。把他們與日常生活中所遇到的自利主義者作一個對照的話，我們可以把他們稱爲「完全的自利主義者」。日常的自利主義者們一般地總是把自利看得比道德更重要，立約者們卻除了自利的動機之外別無其他任何動機。

道德哲學中最重要的工作之一就是去勾劃出道德的觀點。我們必須承認，在開始這項工作之前，我們對這種觀點有一些模糊的觀念。其中的一個觀念就是，它與自利的觀點是截然有別的，同時，有時候這兩個觀點之間還會發生衝突。所謂它們會發生衝突的意思是，有時候在某一個情況下，假如採取道德的觀點或遵循道德原則的話，我們就應該做某一件事情；但是，如果採取自利的觀點，則我們就應該做另外一件事情。在極端的情形下，這二個觀點會要求我們做不能相容的事情。有時候一件不道德的行爲是最合乎個人利益的⑭。洛爾斯充分地意識到這兩個觀點之間的不同以及它們之間經常會不相容這二點，他承認，自利主義做爲指導個人行爲的一個系統在邏輯上不是自相矛盾的，但是它與我們直觀上所了解的道德觀點卻不能相容。他認爲，就哲學上而言，自利主義的意義並非是它提出了另一種道德的系統，而是它對於任何道德系統構成了一種挑戰。（第 136 頁）這種講法所蘊涵著的就是，任何遵行自利觀點的人都是站在道德領域之外的。

一個人採納了某個道德觀點或接受了某些道德原則這件事所表示的是，如果根據這些原則，某些事實構成道德理由去做某一件事的時候，他會認爲這些事實的存在，這就構成他去做這件事情的充分理由。例如，如果我們接受所有人都應該有同等的自由這個原則的話，有一部份人比別人所擁有的自由少這個事實就足

---

⑭ 這兩個觀點之間的衝突引發了倫理學中所謂的終極問題 (the ultimate question)：「爲甚麼我應該道德？」 (Why Should I Be Moral?) 這個問題從柏拉圖在理想國中提出以來，到今天道德哲學家們還在不斷地重新探索它的答案。有關這個問題的細節討論，見 John Hospers 的 "Why Be Moral?" 及 Kai Nielsen 的 "Why Should I Be Moral?" 這二篇文章都收集在 Wilfred Sellars 及 John Hospers 所編的 *Readings in Ethical Theory*（第二版）中。(New York: Appelton-Century-Crofts, Educational Division, Meredith Corporation, 1970.)

以構成我們去修正這個情況使得大家有同等的自由這個行爲的充分理由。同樣的，如果一個人採取自利的觀點的話，做某一件事情能夠增進他的利益這個事實就構成他去做這件事的充分理由。一個只顧自己利益的人有時候所做的事也可能合乎道德原則。但是他這樣做的目的也是出於自利這種動機，例如，他可能得到報酬，或者他的名譽會有所增進。但是，如果用康德的講法，他只是遵循道德原則去做(act in accordance with moral principles)，而不是出於道德的動機或原則才這樣去做(act from moral principles)。道德對他而言只有工具性的價值。只要當道德原則與自利原則發生衝突時，他一定採取自利的觀點。當然，爲了較長期的利益著想，一個精打細算自利主義者有時候也可能暫時犧牲一下目前的利益，以取得更多的利益。但是，他永遠不會認爲遵循道德規則這件事本身就是一個目的。一個有道德的人就完全不同。他不僅是遵循道德原則去行事，他的行事乃出於道德的動機。他認爲道德理由本身就足以使他去做某一件事情。他認爲按照道德原則去做事本身就是好的，或者，至少是他的義務。這樣去做事除了道德理由之外，不需要其他任何別類的理由。當兩個理由在某一個境況中相衝突時，也就是說，其中一個理由指示我們去做或相信某一件事，另一個理由叫我們去做或相信另外一件事，如果我們認爲其中的一個理由具有較重的份量，則這個理由我們就把它叫做壓倒性的理由。對一個自利主義者，增進自己的利益在任何情況下都是一種壓倒性的理由。當然，這並不表示爲了較長期的利益，他不會暫時犧牲一點目前的好處。但即使這樣做，也是基於自利的考慮出發的。一個採取道德觀點的人總是把道德原則所要求他在某一個情況下做的事作爲一種壓倒性的理由，即使這樣做對他長期或短期的利益都沒有什麼增進。當然，這並不排除在有的場合，二個道德原則發生衝突的可能性。

洛爾斯的立約者們永遠認爲自利的理由是壓倒性的理由。就這個意義上來說，他們是十足的自利主義者。這樣的人有可能在任何情況下採取道德的觀點嗎？答案很顯然是否定的。這點可以從定義就推得出來。讓我們來想像一羣具有這種動機的人在爲了增進自己的利益的目的下而參加社會時會怎麼樣進行他們的推理。首先，他們之所以會參加社會是由於從自利的觀點來看，他們相信一個由大家都接受的原則來統轄的社會對每個人的利益而言都比自然狀態要好。但是，這點所意謂的正是，他們絕不願意在參加社會時犧牲自己的任何利益。他們了解，由於在自然狀態中，彼此間利益衝突的事常會發生，而當這種情況發生時，如果缺少大家所共同接受的規則來和平地解決這種衝突的話，結果對雙方都不利。因此，組織社會是合乎他們的目的的。雖然參加了社會之後在有些情況下，他們必須作出一些犧牲自我利益的事情，但是，就長遠來看，它帶來的利益比害處要大得多。這就是立約者們所以願意遵守道德原則的理由。在做這樣的推理時，自利是壓倒性的理由。很顯然的，上面的推理並不蘊涵著當立約者們決定接受某些原則來作爲他們合作的基礎時，他們就突然之間由自利的觀點轉換爲道德的觀點了。契約論的內在邏輯要求，立約者在協議之前與協議之後不能有這種觀點的轉換，因爲這種轉換會使得訂立契約的目的變得沒有意義。因此，盧騷認爲人在訂立社會契約之後會由野獸進步到道德的存在，這種講法是有問題的。讓我們舉一個例子來說明契約論的邏輯。假定甲會修理汽車，乙懂得音響系統。他們兩個訂立一個協議，任何時候甲的音響系統壞了，乙要負責幫他修；如果乙的汽車壞了，甲要幫他修。他們這樣做並非由於對修車或音響系統有興趣，而是爲了可以節省修理費。在訂立協議之前，甲的興趣是乙幫他修音響系統，乙的興趣是甲幫他修車。如果甲知道他很快就會把音響系統賣掉，而乙的車會保留很久的話，他就不會願意訂這個合約；其次，如果他連自己有沒有音響系統這回事都不清楚的話，他也沒有理由訂這個合約。這表示的就是，任何一個立約者在立約之前與立約之後的興趣是不應該改變的。如果一個人不知道他在立約之後的興趣是什麼的話，他有什麼理由要跟別人訂立協議？假如我不知道自己是否喜歡蕃茄的話，爲什麼我要答應用一袋馬鈴薯跟你換一袋蕃茄？從上面的例子可以看出，契約的存在假定了立約者在立約之前與立約之後的興趣是一致的。因爲如果沒有這個假定，整個協議的目的就不見了。所以盧騷的論點是無法成立的。

洛爾斯正確地反駁了有些批評者所說的，由於立約者們是自利的，因而他的理論也是自利主義式的 (egoistic)。他指出，當他說立約者們是自利主義者時，這並不表示他認爲在日常世界中的人也都是自利主義者。上面所提出的論點並不是說洛爾斯認爲日常世界中的人都是自利者。我所要指出的是，第一，處在原初境況中的立約者，由於他們都是自利主義者，因而不會採納道德的觀點；其次，用契約做爲義務的基礎時，我們不得不接受立約者在訂約前後的動機是不能改變的，因爲如果改變的話，整個契約的目的就失去了意義。因此，如果立約者們在訂約之前是自利的話，立約之後他也必須是自利的。

對於我的這個論點，洛爾斯提出一個很清楚的答案。他承認自利主義者不會把道德理由視爲是壓倒性的，但是，原初境況這個設計除了人是自利的這點之外，還包含其他的一些條件，當所有這些條件合在一起時，它們會逼使自利的立約者們從普遍的觀點來考慮選擇什麼原則的問題。這些條件的組合，使得自利的動機無法得逞。

> ……除非參與者在某種程度上是被仁慈(benevolence)所推動，否則就無法得到我們所想要的原則這種想法是具有誘惑力的，……然而，這些條件……的組合卻強迫在原初境況中的每一個人把別人的利益也考慮進去⑮。(見148頁)

對於這個回答，我想提出兩點。第一，前面已經說過，我認為洛爾斯的理論並非契約式的。其中的一個理由是，在原初境況中的立約者並沒有眞的在進行訂立契約的工作。他們只是在做個人的合理選擇。因為在這個境況中，他們大家都具有相同的特性，我們無法把A跟B分開。在訂立協議時那種典型的活動，如妥協、讓步、討價還價等，都不存在。有些人曾指出，無知之幕的目的是為了保證無私(impartiality)。但是，如果無私所意謂的只是排除掉自私主義的話，則對於道德上的對(right)的這個概念的一些形式上的約束已經足夠了。洛爾斯自己也承認這點

⑮ 洛爾斯討論過利他主義(altruism)的問題。他指出，假定立約者們是利他的是沒有用的。因為利他主義所要的是使對方能夠完成他的願望，在這種情形下，除非有些人是利他的，而有些人是自利的，事情才能夠有所進展。如果所有人都是利他主義者，我們不知道該做甚麼。(見189頁)

⑯。如果形式上的約束縛已經足以排除掉自利主義的話，無知之幕的作用是什麼呢？我認爲它的作用是使得立約者們能採用最高程度的最低額這個規則而認同自己爲處於最不利的地位者。由於無知之幕把立約者們對自己的一切具體的知識都抹掉了，而他們又是自利主義者，我們無法要一個自利者採取一種普遍的觀點，因爲根據定義，一個自利主義者是不會採取這種觀點的。因而，洛爾斯必須想出一個辦法使得這些自利者暫時能夠找到自己的認同。最高程度的最低額這個規則的作用就在這裏。究竟這樣是否眞能成功地使立約者們找到認同不是我們這裏的問題。我們所要問的只是，卽使立約者們認同自己爲處於最不利地位的人，爲什麼這個觀點就能代表普遍的觀點？洛爾斯在這裏想要做的是，原初境況中各種條件的結合使得立約者不得不採取處於最不利地位者的觀點，但是，他卻不能證明這個觀點與普遍的觀點是同一的。

其次，卽使承認原初的境況可以實現無私這個目的，但是，無私似乎只是道德觀點的一個必要條件而不是一個充分條件。假如我們知道某人採取道德的觀點的話，我們可以期望他會是無私的，但是，我們卻不能從一個人的無私就推出他是站在道德的觀點。舉一個例子來說明。假定一個掌管財經的部長在考慮國家財經問題時，他心目中的目標是達到最高的生產值。根據這個目

---

⑯ 對於道德上的對 (the concept of right) 這個概念的一些形式上的約束所指的是任何一個道德原則都必須滿足的一些條件。洛爾斯舉出了五個這種條件，一般性 (generality)、普遍性 (universality)、公開性 (publicity)、安排秩序 (ordering)，及終極性 (finality)。(第 130–136 頁)

標，他對各部門做出撥款，以及資源分配的安排。爲了達到這個目標，很可能某些部門或社會階層必須作出一些犧牲。如果從經濟的觀點來看，這個主管的安排是合理的。在做這個安排及撥款的時候，他心目中只有增加整個社會的總生產值這個目標，他個人的利益完全沒有列入考慮。就這點來看，我們不得不承認他是無私的。但是，我們是否能因此就說他採用了道德的觀點呢？洛爾斯顯然不會這樣想，因爲他堅持公正與效率之間是有差別的。

第六章　理性的中立性與基本有用物品

1. 公正論與價值論

對 (right) 與價值 (good) 是倫理學中最主要的二個概念。一個道德理論的性質就決定於它如何了解這二個概念以及怎麼樣安排這二個概念在該理論中的關係。義務論 (deontology) 與目的論 (teleology) 是傳統上兩種結構不同的道德理論。它們的差異就是由於它們對於對與價值這二個最基本的道德概念的安排方式的不同而產生的。目的論者對這兩個概念所做的安排是，「價值」是可以獨立並先於「對」而被界定的，「對」則被界定爲可以獲致最高的價值❶。效益主義是一種目的論式的理論。如果我們把價值界定爲「欲望的滿足」，則根據古典的效益主義，對的行爲就是能夠得到最高度的欲望滿足的行爲。當然，這並不僅是指對做該件事的人的欲望而言，而是指所有人的欲望。義務論者則不這樣了解什麼行爲是對的。它們認爲「對」這個概念並不能由它是否能獲得最高程度的價值來界定。一件對的行爲不一定就

---

❶ 這個界說是遵循 W. K. Franhena 所提出的。見他的 *Ethics* (Englewood Cliffs, N. J.: Prentice-Hall Inc., 1963), p. 13.

能帶來最高程度的效益，因此，對或錯的標準是獨立於它能否帶來最高的價值。康德的理論是最典型的義務論。根據康德，道德行爲是一種出自於責任而行事的行爲 (act from duty)，它跟與責任相符合的行爲 (act in accordance of duty) 不一樣。前者把道德命令看做是一種實踐理性所頒布的無條件的命令，而後者則有可能是出於自利的動機。因此，即使二個人如果在做生意時同樣的都做到童叟無欺，這並不表示這兩件行爲具有同樣的道德價值。從這點可以推出，即使二個行爲所帶來的價值一樣，這也並不表示這兩個行爲在道德上同等。義務論者認爲一個行爲是否有道德價值乃是獨立於它所帶來的效益。但是對的根據究竟何在這個問題，則不同的理論有不同的答案。

目的論的缺點之一是，在這種形式的道德理論中，我們對於各種欲望都要給予一定的價值，即使這個欲望是多麼不合理。甚至在極端的情況下，我們對於不道德的欲望也不得不給它一定的地位，因爲它的滿足也能給具有該欲望的人一種滿足。尤其在道德原則還沒有建立起來以前，我們更無從判斷什麼欲望是道德的，什麼欲望是不道德的。它的長處之一當然是能夠在每一個特殊的情況下，較爲精確的指出那一個行爲是對的。義務論由於不認爲一個行爲之是否道德乃根據它所帶來的結果而定，因而，就沒有上面目的論所遇到的這種困難。但是，對於道德的根據究竟何在這個根本問題，以及在一個特定的情況下我們怎麼樣決定那一個行爲才是對的這個問題，義務論卻很難提出一個較爲準確的答案。因此，義務論常與直觀主義 (intuitionism) 連在一起。它指出我們有一種道德直觀的能力，這種能力可以告訴我們在某一個特定的情況下，那一個行爲才是對的。當然，這種直觀能力或良心的理論，會碰到各種各樣的困難。

洛爾斯的最大的目的是要在效益主義之外提出一個可行的理論。而效益主義之所以不能被接受的原因之一就是由於它是一種目的論式的理論；因此，公平式的公正所想要建立的是一種義務論式的理論。當然，他充分地了解到義務論式的理論常常無法擺脫直觀主義的困境。因此，他採用了契約的方法把道德選擇這種較不確定的選擇化約爲合理的選擇，這種較爲確定的選擇做爲證立理論的根據。但是在以契約做爲理論的根據這種方法時，價值這個概念就邏輯地必須是先於對或公正這個概念。爲什麼在契約論中價值這個概念必須先於對這個概念？當兩個人談判及準備定立協議之前，如果他們不知道自己要什麼東西或者不知道什麼東西對他們是有價值的話，整個訂立契約的目的就不存在。只有當立約者們都清楚地知道自己心目中認爲什麼是有價值的，以及他能從協議中獲得對自己有利的東西時，人們才會去與別人訂契約；因此，在沒有開始訂協議之前，立約者心中必須先對於自己的利益及認爲有價值的東西有一個想法。例如，美、蘇在限制核子武器的談判中，雙方對於自己想要什麼以及什麼是對自己有價值的這點必須先算清楚，然後才會去參加談判。如果有一方連自己要什麼都不知道，他就沒有任何理由去與對方進行談判。當然，談判之前對於自己的利益有一個清楚的概念並不表示在談判中不能做任何改變。這就是爲什麼訂立契約的過程中總是有討價還價及妥協這種事情發生。妥協並不表示是對自己的利益不了解，而是表示在現實的環境中，沒有人可以完全達到自己的理想。關於契約式的公正理論需要有一個價值論這點，洛爾斯在1958年的〈公平式的公正〉一文中並沒有對它有充分的了解。在該文中，他只指出，立約者們之所以參與訂立契約乃是爲了增進自己的利益，但是，他們卻對於什麼是自己的利益這點一無所知。如上面所說，如果一個人對自己的利益所在沒有認識的話，在談判時，他將不知道去爭取什麼。這點經由吉拔(Allan Gibbard)指出之後，洛爾斯在《一種公正理論》就補上了這個部分。事實上，這本書中第三部分的標題就叫做「建基在理性上的價值論」(Goodness as Rationality)。它的主要工作就是建立起一個價值論，而這個價值論的基礎在於理性這個概念。

但是，契約式的理論結構使得洛爾斯所提出的價值論受到一些限制。在原初的境況中立約者們所要達成的是一個最根本的合同，因此，它必須是一個大家都沒有異議的合同，而不僅只是一個大多數人贊成的合同。同時，由於立約者們處在原初境況中是一種道德的存在，也就是說，他具有公正感 (sense of justice) 以及有一個價值體系 (a conception of good)，因此，我們必須公平地對待他們❷。無知之幕這個設計的目的之一就是要達到這兩個目的。由於立約者對於具體的事實一無所知，他們不知道自己的信仰、宗教、性別、種族、階級等，因而也就不能提出一些對自己有利的原則來。這樣子可以保證最後所達成的原則不會受到自我利益的影響。由於無知之幕的作用，使得立約者們不知道自己是誰，因而他們當然也就無法知道自己的具體興趣及利益何在。例如，立約者們不可能知道自己是基督徒、佛教徒或是無神論者，他也不知道自己是屬於工人階級或是資本家階級。既然對於這些知識都沒有了，他當然也不知道究竟自己應該爲那一個

❷ John Rawls, "Fairness to Goodness," *The Philosophical Review*, 84 (1975), pp. 536–54.

階級或那一個宗教爭取利益。在這個情況下，我們如果還能夠談立約者的利益的話，這種利益就是最普遍性的。所謂普遍性的利益是指，每一個立約者都會認爲是對自己有利的東西。這個理論上的要求所引出來的價值論就是，它是一種有關需要（need）的理論，而不是有關欲望的理論。它指出，在原初境況中的立約者都有一個價值體系，但是對於這個價值體系的具體內容，如上面所提的宗教、階級等興趣及利益卻沒有任何規定。而人類之所以有這種共同的需要乃是由於人類的價值體系在基本結構上是相同的。從這個相同的基本結構，我們可以說明爲什麼具有不同的價值體系的人會有相同的需要。這些需要就是洛爾斯指出的對基本有用物品的需要。立約者們雖然不知道自己的具體價值系統，但是他們卻知道，無論在進入社會之後他有什麼樣的具體價值體系，基本有用物品都是實現及完成這種價值體系所必須的工具。因此，在原初的境況中，雖然由於爲了達到公平的目的，我們把每個人對自己的利益這種知識排除掉了，但是，我們卻有一個基本有用物品的理論，使得立約者們在這個境況中仍然知道如何去爭取自己的利益。

上面是有關爲什麼在契約式的道德理論中，由於要達成一個無異議的合同及公平地對待所有的立約者這兩個要求下，我們必須排除立約者們對於自己具體的價值體系的任何知識。但是，契約形式的理論對於在原初境況中的價值概念還有另外一層限制。價值和好（good）這二個詞是有歧義的（ambiguous）。我們一方面可以用它來形容與道德完全無關的對象，例如說，「我的打火機是一個好的打火機」，或是「這幅畫價值連城。」另一方面，我們又可以用它們來形容與道德有關的行爲或對象。當我們說，「某人是一個好人」或「他做了一件好事」時，這種講法顯然是一種道德的判斷。由於「好」與「價值」的歧義，在討論價值論時我們不得不小心到底是在講那一種價值。當談到洛爾斯的道德式的契約論時，我們更不得不指出到底當我們說原初的境況中的立約者們知道他們有一個價值體系，以及他們都接受基本有用物品這個理論時，我們所指的是那一種價值。很顯然的，由於道德式的契約論的結構是要從契約中導出道德或公正原則，因此，在原初的境況中，立約者們不能夠具有什麼是道德上的善這種概念。道德的或公正的概念只有在契約達成之後才會出現。因此，在原初的境況中，人們所能有的價值以及什麼是好的等概念只能是非道德性的，而基本有用物品的導出，也只能奠立在這種非道德性的價值理論之上。其次，由於在原初的境況中，我們如果採取任何一種道德上的價值體系做爲標準的話，這將會對其他的道德價值體系不公平，同時，這樣做的話，也等於是放棄了以契約做爲道德原則的根據的整個做法，這就是爲什麼在原初的境況中所包含的價值論不能是道德性的價值論的理由。洛爾斯把這種非道德性的價值論稱謂「單薄的價值論」(thin theory of the good)。與單薄的價值論相對立的是一個「完全的價值論」(full or thick theory of the good)。完全的價值論是在導出公正原則及其他有關個人行爲的道德原則之後，我們用以說明道德價值的理論。在完全的價值論中，我們可以說明「善舉」，「好人」，「仁慈」等與道德有關的價值。但是，當要說明基本有用物品時，我們還是處在原初的境況中，因此，所用的也只能是單薄的價值論。有關這點，洛爾斯說：

> 但是，要建立這些原則（公正原則），我們必須依賴某些價值的概念，因為我們必須要對於處在原初境況中的參與者的動機作一些假定。由於這些原則不能夠對於對的這個概念的優先性有所損害，因此，我們所提出用以論證公正原則的價值論只能被限於是有關最基本的要素的。這種對於價值的說明，我將它稱之為單薄的價值論：它的目的是要對基本有用物品這個對於導出公正原則的前提做一個說明。（第 396 頁）

我們可以舉一個例子以使得這項要求顯得更爲清楚。美國憲法中規定宗教與國家的分離，也就是說，政府不能干涉人民有關宗教信仰方面的事情。這個規定的目的就是要保證政府公平地對待每一種與宗教信仰有關的生活方式。基於這個原則，公立學校中的祈禱才被禁止。如果公立學校中准許祈禱，則表示對非基督徒或無神論者的生活方式採取一種態度，而這就沒有公平地對待各種生活方式。同樣的，如果在原初的境況中的價值論並非單薄的，則它也就沒有公平地對待各種不同的價值體系。如果是這樣的話，我們就不能說，立約者們在原初的境況中是平等的。

2. 工具理性與單薄的價值論

貝利與亨利舒 (Henry Shue) 都指出，要了解《一種公正理論》這本書其中最大的一個困難就是，洛爾斯在書中先把結論在第一部分中提了出來，然後，到第三部分時他才把獲得這個結論的前提提出來❸。第一部分的工作是由原初的境況這個出發點推導出二個公正原則。但是原初境況中所包含的一些條件我們該如何加以說明這個重要的問題，洛爾斯卻一直等到第三部分中才來處理。關於原初境況中其他的條件，例如無知之幕的設計，立約者們只關心自己的利益，自然資源的不夠充足等，在書中隨時都可以找到對它們的說明。但是，對於為什麼立約者們在原初境況中所能擁有的價值觀念只能是單薄的，以及為什麼基本有用物品對所有的人生理想都是有用的這兩個最重要的問題，我們在第三部分中才碰到。

究竟單薄的價值論是一個什麼樣的理論？它如何能夠說明基本有用物品？洛爾斯指出，單薄的價值論是一種建基在工具理性上的價值理論（goodness as rationality）。價值如何建立在工具理性之上呢？首先，洛爾斯對於價值或好（非道德性的）提出了下列這些定義：

(1) A是一個好的X，只要並且只有當A具有某些性質，（在程度上超過一般的或標準的X）同時在確定了X是做什麼用的，或者是被期望來做什麼之後，對於X具有這種性質的要求是合理的。

(2) A對K而言（K是某一個人）是一個好的X，只要並且只有當A具有某些性質，同時當K處在某些境況中，並且具有某些能力以及擁有某種人生計劃（他的目的系統），以及由此而引申出他想用X來做什麼時，對K而言希望X具有這些性質是合理

❸ Brian Barry, *The Liberal Theory of Justice* (Oxford: Clarendon Press, 1973), pp. 19–20. Henry Shue, "Justice, Rationality, and Desire: On the Logical Structure of Justice as Fairness," *Southern Journal of Philosophy*, 1975, pp. 89–97.

的。

(3) 與 (2) 相同之外再加上一個句子指出K的人生計劃，或與目前相關的那一部分計劃本身是合理的。（第 399 頁）

這三個定義的對象都是一個物件或某一個事態。它們用以界定一個對象或一個事態在什麼情況下可以被視爲是好的或有價值的。例如，當我們說一枝筆是好筆時，根據這個定義，我們可以說它具有某些性質，例如寫起來流利，出水不多也不少，不太重等，而對一枝筆具有這種性質的要求是合乎理性的。對某個人而言，他如果想用筆來達到某一個目的，則他要求一枝筆具有某種性質以達到這個目的是一種合乎理性的要求。最後，他用筆來達到某一個目的，例如，寫一本小說，本身是他人生計劃的一部分，而這個人生計劃本身是合乎理性的。在這三個定義中，最關鍵的字眼是「合理的。」一枝筆之所以是好筆乃是由於它具有某些性質，而對筆要求具有這種性質乃是一種合乎理性的要求。而怎麼樣才算是一種對於某一個對象的合乎理性的要求，就看我們要用它來作什麼，而我們用它來作什麼最後則與我們的整個人生計劃連接起來 。所以，這個對於價值所下的定義，最後要視乎我們怎麼界定一個合乎理性的人生計劃才能得到完整的舖陳❹ 。由於

❹ 對於好這個概念，有些哲學家如摩爾 (Moore) 指出，由於它是單純的概念，因而是無法下定義的 。有些哲學家則採取規約主義 (prescreptivism) 的看法，認爲好這一類的概念的意義是隨着脈絡的不同而有不同意義的。「好車」與「好打火機」兩個詞語中的好，具有不同的標準。洛爾斯所採取的立場則是描述主義(descreptivism)的立場。描述主義者認爲：(a) 雖然「好車」與「好打火機」的標準不同，但這不表示「好」這個詞的意義在這兩個詞語中不同。事實上，「好」這個詞具有一個不變的意義。當我們用「好」這個字來稱讚或推薦時，這個不變的意義能夠說明爲甚麼它們能有這種功能。

理性在這個對價值的定義中擔任關鍵性的角色，因此洛爾斯把他的價值論稱爲「建基在理性上的價值論」(goodness as rationality)。

但是這個理性概念是一個怎麼樣的概念呢？它究竟是否能達到洛爾斯所期望它所能做到的事情？根據這個理性概念，我們能否合法地說「合乎理性的人生計劃？」這些問題是本節中要探討的。

在討論原初境況這個設計時，我們曾提到過，立約者們是具有理性的。我們也曾提到過，這個理性的概念是一個最低度的理性概念。就像原初境況中的其他前提一樣，洛爾斯希望它們能夠越弱越好。所謂弱的意思是不富爭論性，因而也容易被廣泛地接受。對於理性的概念，也是本着這個原則而提出的。他說：

> 「理性概念必須被給予盡量狹義的解釋，這個解釋就是採取最有效的手段以達到既定的目的。這個解釋是經濟理論中標準的釋解。……我們必須嚐試着避免引入任何有爭論性的倫理因素。（第 14 頁）

> 「在這裡所引用的理性概念是在經濟理論中為人所熟知的標準概念。一般而言，一個理性的人被視為在他所能做的選擇中，他能夠將它們排列成一個自相一致的優先集合(a coherent set of preferences)。他根據這些選擇如何能完成他的目的的程度而將它們依等級排列。他遵循那個能夠滿足他較多慾望的計劃，並且他採取那些能夠成功的可能性較高的計劃。（第 143 頁）

這個在經濟理論中的標準理性概念有許多不同的名稱。例如，工具理性(instrumental rationality)、經濟理性(economic rationality)、目的理性 (purposive rationality) 等。這個理性的概念，近來有許多的討論，最經常的討論是與韋伯的理性化理論連接在一起❺。根據這個理性的概念，當我們做選擇或決定時，我們把目的與手段分別敍述出來。所謂理性的選擇就是在旣定的目的下，選擇一個最有效的手段以達成這個目的。這個目的本身之是否合理性也不能被單獨地抽離來評斷，而要看它是否是達到另外一個更高層次的目的的手段。所以，在工具理性的理論中，有一連串的手段（工具）——目的的鏈子。沒有一個選擇或決定，當它是達到某個目的的手段時，可以獨立地被看待成合理的或不合理的。它之合理與否完全要視乎它是否是達到某一個目的的有效手段。而在一組手段從目的被單獨抽離出來做評斷時，我們就無法說它是否合乎理性，甚至無法說它是一個手段或工具。人的所有的決定與目的就被串在這樣一條工具——目的的鏈子中。對於這個理性概念究竟如何指導我們去做選擇及決定這點，洛爾斯提出了三個原則。他認爲這三個原則可以用來取代我們日

❺ 有關工具理性這個概念的討論，除了在第四章❹中所提的 Sen 及 Arrow 的書之外，可另外參閱 Herbert Simon, *Administrative Behavior* (New York: The Free Press, 3rd edition, 1976), pp. 61–78. 有關韋伯理性化的討論見，Jürgen Habermas, *The Communicative Theory of Action*, Vol. I, Tr. Thomas McCarthy (Boston: Beacon Press, 1984), pp. 143–271. Rogers Brubaker, *The Limits of Rationality* (London: George Allen & Unwin, 1984). 有關前現代與現代對理性概念之不同的瞭解，見 Charles Taylor, *Hegel* (London: Cambridge University Press, 1970).

常對理性這個概念的了解。這三個原則就是我們在第四章中所提過的三個原則：(1) 最有效的手段以達到目的的原則，(2) 包含性的原則，以及 (3) 或然率較高的原則。(409-424 頁)

這三個原則如何指導我們作選擇呢？首先，要注意的是，它們所能指導我們做的選擇只有在一個目的已經被確定之後，才能進行對達到這個目的的手段做選擇。如果一個人不知道自己的目的是什麼，則即使他遵循這些原則去做決定，他也無從選擇起。在目的被決定後，第一個原則所說的是，在幾個可行的途徑中，最理性的選擇是花費最少或最經濟的那個選擇。第二個原則告訴我們，如果我們有一組目的，而且有二個以上的途徑可以或多或少地完成這組目的。其中一個途徑比另外一組途徑，在花費一樣的程度下，可以完成較多的目的，則我們應該選擇那個能夠完成較多目的的途徑。第三個原則指出，如果某一個途徑完成某一個目的的或然率比另外一個途徑為高，則我們應該選擇那個或然率較高的途徑。這三個原則在使用時很顯然都要使用到計算。一、二兩個原則必須做成本—效率 (cost—efficiency) 的計算，第三個原則則牽涉到或然率的計算。洛爾斯把它們稱之為計算的原則(counting principles)。同時，這三個原則很顯然的把理性活動或合理選擇的問題都看作是一種達致最高額 (maximization) 的活動。

但是這三個原則有時候並不能確定地指出我們究竟該採取什麼途徑以達到旣定的目的。有時候，我們找不到中立的手段；有時候，我們也找不到具有包含性的途徑。二個不同的途徑所能達成的目的各有不同。而有時候，我們也無法精確地計算出二個選擇的成功的或然率。由於這些原因，計算原則並不能在所有的情況下都確定地指出那一個選擇才是最合理的。因此，洛爾斯又提出了愼思的理性(deliberative rationality)這個概念以支持建基在理性上的價值論這個理論。這個概念是從西幾維克(Sidgwick)那裏借用過來的。西幾維克認爲，就一個人來說，對他有價値的東西就是能夠滿足他的欲望的東西，而在追求滿足這些欲望的過程中，他對於自己所採取的選擇所可能產生的後果都經過愼密考慮以及精確的計算。洛爾斯把這種在採取行動前經過愼密的考慮及對於相干事實的研究的活動，稱之爲愼思的理性活動。而這種能力本身則叫做愼思的理性。加上這個因素之後，我們可以說，對一個人而言，合理的計劃（或選擇）就是那個他使用計算原則及愼思的理性活動後所採取的計劃。（第 416-417 頁）

但是，愼思的理性顯然沒有在計算原則之外加上任何性質上不同的因素。理性在這裏的功能仍然只是被限制於計算及周詳考慮的範圍以內。我們透過這個附加的因素，也許能夠對於採取那一個原則有較爲確定的了解。但它還是無法提供一個機械的公式告訴我們在什麼情況出現時，我們就該做什麼選擇。因此，一個合理的人生計劃似乎仍舊是不確定的。在這裏，洛爾斯又提出了另外一個原則——亞里士多德式的原則（The Aristotelian Principle)。這個原則是一個有關人類動機的原則。它指出：

> 其他條件如果都相等的話，人類從運用他所實現的能力中取得樂趣（這能力也可能是先天具有的也可能是後天訓練得來的），這個樂趣與它實現的程度以及對它所要求的複雜度成正比。……例如，象棋是比 checkers 複雜及精微的遊戲，代數則比基本算術要複雜得多。這個原則指出，

一個人如果兩樣都會的話，一般而言他們喜歡象棋多過 checkers，他寧願研究代數而不研究算術。（第 426 頁）

但是，洛爾斯只把這個原則當做一種心理上的一般化的命題 (psychological generalization)。它並不是對每個人都是眞的，也就是說，它並不是理性概念的一部分。一個人即使違反了亞里士多德式的原則時，我們也不能說他是非理性的。一個既會象棋又會 checkers 的人如果喜歡 checkers 多過象棋的話，我們也不能說他是非理性的。因此，我們在考慮究竟什麼是一個合理的計劃時可以不必把它考慮進去。我之所以提出這個原則是由於洛爾斯事實上對於這個動機的理論極爲重視，而這個動機的理論本身我以爲可以導出一個極爲豐富的人性論。不過，這不是這裏要討論的問題❻。

3. 終極目的與非理性的人生

根據這個工具理性的概念，究竟怎麼樣的一個計劃才算是合理的計劃呢？這個概念究竟是否足以作爲一個合理的人生計劃的基礎？即使退一步讓我們承認，相對於一個旣定的目的，我們可以根據計算原則及愼思的理性確定地指出採取那一種手段以達成

---

❻ 我以爲這個有關動機的理論在許多傾向極爲不同的哲學家中都佔有很重要的地位。亞里士多德固不待言，米爾 (J. S. Mill) 在《效益主義》一書中也提出了類似的東西。見該書的第二章。但我覺得講得最淸楚與最深入的是馬克思的《1844 年手稿》中。麥肯泰爾在 *After Virtue* 一書中談德性時，也用到了這個原則。見他的 *After Virtue* (London: Duckworth, 1981)，第 14 及 15 兩章。

這個目的才是最合理的，但是，更重要的是，我們怎麼樣來評斷一個目的本身是否合理？例如一個想要戒煙的人，爲了達到這個目的，有幾種途徑他可以採取。假定他能夠計算出那一個方法是最有效的，則對他而言，那個方法就是最合理的選擇。但是我們如何評斷要戒煙這個目的的合理性？當然，工具理性理論的擁護者在這裏會指出，戒煙這個目的之是否合理，要看它是否是達到另外一個更高層次的目的的有效手段，這個目的可能是爲了增進自己的健康，也可能是爲了取得女朋友的歡心。如果戒煙的確是達到這個更高層次的目的的有效手段，則對那個想戒煙的人而言，它就是合理的。但是，在這一連串的手段與目的的鎖鏈中，我們總有達到終極的時候。而這個最終極的東西只能是目的而它本身不再是別的目的的手段。我們很難想像手段——目的這個鎖鏈是循環式的——A是B的手段，B是C的手段，C又是A的手段。例如，戒煙的目的是討女朋友的歡心，討女朋友歡心的目的是爲了結婚，結婚的目的是爲了享受家庭之樂，而享受家庭之樂的目的是爲了戒煙。因此，在手段——目的這個鎖鏈的最終點是一個目的，而這個目的本身不是爲了達成任何別的目的的手段。如果是這樣的話，我們根據工具理性的概念如何來評斷這個目的的合理性？因爲它不是任何別的目的的手段，而根據工具理性，只有當一個選擇在做爲達成別的目的的手段時才能說它是否合理，因而，這個目的本身是無法用理性這個概念來評斷它的。如果工具理性這個概念在這裏有這種限制，我們怎麼能用它來評斷一個人生計劃究竟是否是合乎理性的？一個人生計劃由一個或許多個最終目的所組成而在選擇這些最終目的時，工具理性無法給我們任何指導，因此，我們無法說那一個計劃或人生目的才是合乎理性的。根據這個理論，在選擇人生的終極目標時，理性不能發揮任何作用。在這裏，對休姆深刻的洞見，我們不得不表同意。他指出，「理性是，並且應該只是愛好（passions）的奴隸，而理性也永遠不在服務及服從愛好之外還假裝有什麼功能。」❼這也就是爲什麼韋伯把這種工具性的理性叫做形式理性（formal rationality）的理由。在實質性的目的的選擇上它不能給我們任何指導。有關韋伯這個理性概念，阿培爾（K. Apel）的描述可以說是畫龍點睛。他說：

> 對於理性化（rationalization）這個概念，他（韋伯）的瞭解是把手段——目的的理性力量放入到社會文化系統中的每一個部門去所造成的進步。尤其是把科學與技術上的進步所造成的影響應用到經濟與科層行政（bureaucratic administration）上去。……把人類的進步瞭解成理性化所帶來的不可分割的另一面是必須放棄對於最終價值或規範（values or norms）做理性的審核，而在多元主義之下採取一種前於理性的良心上的決定。或者，如韋伯所說的，最終規範或價值的多神主義（polytheism）❽。

❼ David Hume, *A Treatise of Human Nature* (Oxford: The Clarendon Press, 1978), p. 415.

❽ 見 Apel 的"The Common Presuppositions of Hermeneutics and Ethics. Types of Rationality Beyond Science and Technology." 這篇文章我手邊沒有，上文是 H. Putnam 在 *Reason, Truth and History* 一書的第八章 "The Impact of Science on Modern Conceptions of Rationality" 一文中所引的。見該書第 178–179 頁註 3。Putnam 的書由 Cambridge University Press 在 1981 年出版。

在指出了計算原則不能建立一個理性的人生計劃之後，我們再進一步探討愼思的理性以及亞里士多德式的原則是否能夠在這方面幫助洛爾斯。雖然他不把亞里士多德式的原則看做是理性概念的一部分，但是，正如亨利・舒指出的，計算原則中的包含性原則實在是由這個原則中推導出來的❾。洛爾斯自己也說：「很明顯的，亞里士多德式的原則包括了一個變相的包含性原則。」（第 427 頁）由於這個緣故，我在這裏也把它一併討論。讓我們舉一例子來說明爲什麼我認爲卽使在計算原則之外再加上愼思的理性及亞里士多德式的原則，洛爾斯仍然無法證明一個人生計劃中的終極目的（可能是多數的）是合乎理性的。

美國大學的籃球比賽分作許多不同的聯盟。每個大學在一個球季中要做二十多場的比賽，大部分是與自己同一聯盟中的隊打，有些則是與別的聯盟的隊打。一個球季下來，看你比賽的成績如何，「全國大學體育協會」(NCAA)在三月時投票挑出六十四隊進行區域性的比賽。採取單淘汰制，一直淘汰到剩下四隊，然後進行決賽。決賽也是單淘汰制，直到產生冠軍爲止。許多學校，由於從比賽中可以賺到許多錢，對它都非常重視。很明顯的，每個學校的目的都是想取得全國冠軍。假定某一個隊的教練經過詳細的經驗調查及愼密的考慮之後，決定今年他的戰略該是如何。他仔細研究他們學校今年的每一個對手的優點與弱點以及他自己隊的優點與弱點，然後決定每一場比賽的戰略，例如，對自己聯盟中的隊比賽時該如何調派人手，在某一比賽中是否不要用盡全力以保持一些元氣，有一個受了輕傷的主將，在對較弱的

❾　見❸亨利・舒的文章。

隊時，不要讓他出賽等。這些戰略可以說是在用了愼思的理性之後所做出的決定，因而，應該是合乎理性的。但是，我們可以問，這整個計劃中的最終目標——贏得全國大學聯賽的冠軍——是怎麼得來的呢？上面那些戰略全部都是爲了達成這個目的的手段，它們是否合乎理性，可以比較容易地判斷，但是，愼思的理性如何能在這整個活動中提供我們決定這個最終目標？如果一個大學決定，參加大學聯賽的目的並不是取得全國冠軍，而只是爲了提倡全校的體育風氣，這個目標是否就不合理？很顯然的，愼思理性在這裏仍然沒有辦法指出後一種目標比前一種目標不合理，或者一個以提倡全校體育風氣爲目標的大學，就參加全國聯賽這個活動來講，比一個要爭取全國冠軍的大學理性程度要較低些。（當然，爭取冠軍的目的並不就會消除掉提倡體育風氣，但是，讓我們假定爭取冠軍這個目的還會帶來一些別的後果，如不顧一切地想贏球，使得許多運動員服食藥物等。）因此，愼思理性在這裏仍沒有超出計算原則，它對於終極目標的合理性也不能做出評估。這就是爲什麼我在上面說，愼思理性與計算原則並沒有什麼質上的不同。亞里士多德式的原則在這裏是否能夠幫得上忙呢⑩？假定有一個很怪癖的教練，他的最終目的不是想贏得全國冠軍，而是決定輸若干場及贏若干場球。並且，他的目的包括輸給哪些學校，並且輸多少分；贏那些學校，並且贏多少分。我們當然可以把他的目的弄得更複雜，但這樣已經夠多。現實上也

⑩ 我們姑且不問這個原則究竟是否是眞的，而只問，即使它是眞的，它是否能使得我們能夠決定一個終極目標比另一個終極目標更合理。貝利認爲這個原則對大多數的人而言，在大部份的時候都是假的。見上面他書中第 29 頁。

許找不到一個有這樣怪癖的教練，但是這也不構成問題，因爲我們所要探究的是，這個目的本身是否是合理的。根據亞里士多德式的原則，我們有沒有任何理由說這個怪癖的教練的目的比一般教練的目的不合理？這個原則告訴我們，在二種活動中，如果其中有一種需要使用或能夠發揮我們能力較多的那種活動，是一般人會選擇的活動。就這個標準而言，那個怪癖的教練想達到的目的所需要的各種有關能力絕不會低於贏得冠軍這個目的所需要的能力。因此，我們也不能說，他的目的是較爲不合理的。事實上，有許多能力是不具有公約數的（incommensurable）。一個音樂家與一個科學家所作的工作，究竟那一種能發揮我們較多的潛能，可能是一個沒有答案的問題。因此，亞里士多德式的原則在這裏根本就派不上用場。一個二種能力相當的人，如果決定去從事音樂的話，這個原則也無法指出他的這個計劃是非理性的或合理性的。

對於這些困難，洛爾斯並不是沒有理解，因此他才會說：

> 但是，我將假定雖然理性的原則能够使我們的判斷對準焦點以及在反省時設定一些指引，然而在做選擇時，我們所能依賴的還是對自己要些甚麼東西，以及要多少這種東西，這種對自我的直接知識。就這個意義來說，我們必須做最後的選擇。（第 416 頁）

就這個意義而言，洛爾斯還是走不出決策主義（decisionism）的樊籠。整個人生的計劃最後的基礎，仍舊只是一個根本的抉擇（radical choice）。就像祁克果（Søren Kierkegaard）所指出的，我們究竟要選擇美感式的人生或道德的人生這個抉擇是沒有理性可言的。因為當你提出一個理由來的時候，它已經是站在某一個立場了，也就是說，你已經接受了某一個觀點了⓫。洛爾斯把這種屬於一個經濟組織的理性用來講整個人類的活動的結果是，整個人生計劃就最根本處來看都是非理性的。經濟理性就人生的終極目的而言是盲目的。

4. 基本有用物品與道德的中立性

在前面幾節中，我已經零散地提到過基本有用物品的理論。在這節中，我將集中來討論及批評這個理論。這個理論的要旨及目的都很簡單，它指出，有一組東西對於所有合理的人生計劃都是有用的，一個有理性的人，無論他想要過一個怎麼樣的人生，基本有用物品都是他所要的東西。第二，處在原初境況中的立約者希望能夠獲得盡量多的基本有用物品。第三，基本有用物品包括收入與財富(income and wealth)，權力與機會(powers and opportunities)，權利與自由 (rights and liberties) 以及自尊 (self-respect)。由於目的論式的理論把既有的欲望與目的視為當然；因而，它們的滿足也具有價值，因此，洛爾斯從一開始就拒絕了這種形式的理論。然而，如果沒有一個價值體系的話，立約者們將不知訂約的目的何在，因此，我們必須提供一組東西是所有立約者都認為有價值的東西，這樣他們才能開始談判，而且這樣他們才能知道到底分配原則是用來分配什麼東西的。雖然立

⓫ 見 MacIntyre 的 *After Virtue*, pp. 38-43。

約者們不知道他們自己的具體的利益及欲望，但是卻知道，在現實世界中，他們會有一個特定的人生計劃。基本有用物品對任何一種人生計劃都是有用的。

由於爲了公平地對待在原初境況中的每一個立約者，對基本有用物品的說明只能建基在單薄的價值論之上。如果我們採用完全的價值論來說明基本有用物品的話，則由於這個價值已經包括了某些特定的道德概念，有些人生計劃就會受到不公平的待遇。基本有用物品，就像在原初境況中的單薄價值論一樣，必須具備道德的中立性。但是單薄的價值論如何能夠爲基本有用物品的理論提供一個基礎呢？在《一種公正理論》中，洛爾斯並沒有正式用單薄的價值論來對基本有用物品作出說明。他只是假定前者可以說明後者。（第 434 頁）在“Fairness to Goodness”一文中，他提出了爲什麼財富是基本有用物品的說明。簡單地說，「財產是對於能夠滿足人類需要及興趣的一種具有交易價值的東西（法律上）的控制力。」⓬雖然在不同的社會中，財產會以不同的形式出現，有的社會財產是屬於私人的，而另外一些社會中，大家共同擁有某些財產，但是，這個定義本身卻可以被視爲是對任何形式的財產制度都是有效的。如果把財產這個概念了解成這樣的話，則從單薄的價值論以及人類欲望及能力的一般事實，他們生理及心理上的需要等前提，我們可以說，財產是一種基本有用物品。因爲如果沒有財產的話，沒有人能夠實行他的人生計劃。資本主義與社會主義之間的爭論並非對財產是否有價值的爭論，而是財產該以什麼形式存在才是公正的爭論。對於其他基本有用物

⓬ “Fairness to Goodness,” *Philosophical Review*, 84 (1975), p. 540.

品，洛爾斯也會以同樣的方式來說明。

這個說明本身究竟是否站得住腳，我在這裏將不對它進行討論。我所要做的是直接對基本有用物品的中立性提出質疑。我將指出，這個理論並不像洛爾斯所講的那樣，對所有的價值體系都是公平的。具體地說，我要指出的是，這個理論假定了個體主義(individualism)。也就是說，這個理論由於偏向個體主義式的價值體系而不能保持中立性。對於個體主義的了解，洛爾斯遵循史蒂芬・陸克斯 (Steven Lukes) 的看法而對它做出這樣的界定:

> 它被界定為這樣的理論：人們所具有的根本的目的與興趣是獨立於特殊的社會形式而被決定的；社會與國家被視為是一種用以滿足這些人們先已具有的目的的一些制度上的安排，這些先行的目的乃是由一個旣定且不變的人類心理所規定下來的⑬。

在論辯基本有用物品的理論是一種個人主義的理論之前，讓我先對一個可能的誤解作一個澄淸。我們不能把基本有用物品的理論是個人主義式的這個講法與由這個理論所推出的公正原則會導致一個個人主義式的社會混淆。由基本有用物品及其他的前提所推出的公正理論可能會也可能不會引導出一個個人主義式的社會，但這是二個完全不同的問題。當洛爾斯在 "Fairness to Goodness" 一文中指出對於基本有用物品的說明並非個人主義式的時候，他就把這二個問題搞混了⑭。他認爲，如果由基本有用

---

⑬ "Fairness to Goodness," p. 547.

⑭ "Fairness to Goodness," 特別是 544-46 頁。

物品及其他的前提所導出的公正理論並不會導致一個個人主義式的社會，則基本有用物品這個理論本身也就不是個人主義式的。他說：

> 要得出對基本有用物品的說明乃是個人主義式的這個結論所需要的有效論證至少得指出下列各點：第一，在一個由公正原則所規範的井然有序的社會中，人們會薰習到並且追逐個人主義式的生活方式。……第二，我們必須指出，對於基本有用物品的說明是導致這些結果的理由。這個論證必須指出，如果這個說明改變了，同時別的原則被選中了，相應的社會就不會是個人主義式的⓯。

緊接着這段話，他就提出論辯來指出一個建立在他的二個公正原則上的井然有序的社會不會是個人主義式的，因爲在這個社會中，它所強調的是人們的興趣與目的是依賴於旣存的社會組織；而這些組織又滿足公正原則⓰。但是，除了洛爾斯在上面引

⓯ "Fairness to Goodness," p. 544.

⓰ 對於這個論點，洛爾斯所提出的論證缺少任何信服力。雖然他在書中花了大量的篇幅討論社會聯盟（social union）這個概念，並指出公平式的公正可以建立起社會聯盟。（第 520-529 頁），但是，我仍舊懷疑從他的公正論中，我們可以導致他所描述的那種事態。由於公正問題所產生的環境（the circumstances of justice）在原初境況及現實世界中都是一種常態，一個建基在契約上的社會最多只能達到黑格爾所說的市民社會（civil society）而不是一個社羣式的社會(communitarian society)。他也談到建基在二個公正原則上的社會中將會分爲彼此之間不作比較的團體（noncomparing groups），這就更加強了這個批評的力量。（見545頁）有關這點，見 Michael Sandel 的 *Liberalism and the Limits of Justice* (Cambridge: Cambridge UP, 1982)，第 4 章。

文中所指出的方法之外，還有另外的辦法可以證明基本有用物品的理論是個體主義式的。假如能夠指出，這個理論事先必須假定某一種抽象的人的觀念，並且這個抽象的人是獨立或先於社會組織已經擁有一些根本的目的與喜好的話，則這個理論就是個體主義式的。更進一步，假如可以指出，基本有用物品並不是對不同文化中的人都普遍有效，它們對於不同的人生計劃並不是相等地有用，因而，這個理論並不是中立的，則我們就可以推翻洛爾斯的一個重要的論點——原初境況中所用的前提是弱的並且廣被接受的，以及這個設計對所有的立約者都是公平的。

要證明基本有用物品的理論是個人主義式的方法之一是指出，有些人的動機結構並不符合於這個理論對它們所作的描述。要證明這點的方法之一是指出，這個理論的論點之一——所有的立約者都想要獲得盡量多的而不僅只是一個適當數量的基本有用物品——是假的，或是指出擁有盡量多的基本有用物品並非對於所有種類的人生計劃都有利。如果可以證明這兩點的話，我們就可以說，希望擁有盡量多的基本有用物品這種欲望並不是對每個人都是自然的，而是由於社會與文化的偶然因素所造成。我們所提出的反駁洛爾斯的理由與麥克弗森反駁霍布士的論點的理由是相同的。麥克弗森指出，想要擁有盡量多的權力這種欲望只是某一種特定的社會產物，它不是自然的而是偶然的⓱。對洛爾斯的理論進行反駁，我將提出一些類型的人生計劃作為反例以指出一個有理性的人並不一定有擁有盡量多的基本有用物品這種欲望。

第一個用來說明我的論點的例子，是從雅典娜·許華玆（

⓱ 見 C. B. MacPherson, *The Political Theory of Possessive Individualism* (London: Oxford UP, 1962), p. 18.

Adina Schwartz)借來的[18]。讓我們設想一個類似少年馬克思式的人的境況。這個年青的社會主義者有一些特定的信念，例如，他認爲經濟結構「決定」政治結構；只有一個非市場式的經濟才能夠達到平等這個理想；美滿的人生是一種通過有意義的工作完成自我實現的人生等。他同時也堅信，他的人生計劃並不是奠基在慾求更多的基本有用物品這個假定上的，因爲他相信，把自己的人生計劃的中心放在無限追逐外在的好處 (external good) 這種攫取的活動上是對於自我實現的一種妨礙[19]。事實上，擁有盡量多的基本有用物品不僅不會對他的人生計劃有利，反而會對它有害。

讓我們再想像一個有理性的人，他的人生計劃是作一個和尙。他相信下列四個佛教中的教義：(1) 一切皆苦；(2) 苦乃起於貪嗔；(3) 只有停止貪嗔，苦才能被克服；(4) 只有過一種嚴守戒律的冥想式的人生才可能達到這個目的。他也相信，在滿足了生物性的存在所需要的物質之外，如果再不斷地追求更多的物質，對他的人生計劃不僅無益反而會有害。建基在契約上的人際

---

[18] Adina Schwartz, "Moral Neutrality and Primary Goods," *Ethics*, Vol. 83, No. 4 (July 1973), pp. 302–304.

[19] 外在的好處 (external good) 這個名詞是由 MacIntyre 處借來的。與它相對的是內在的好處 (internal good)。簡單地說，內在的好處是人類在做各種實踐活動時，這個活動本身給我們帶來的滿足，而外在的好處則是指一些並非內在地屬於這個活動本身的好處。例如打籃球這個活動本身可以給我們帶來滿足，這是內在的好處，但是它給球員所帶來的名與利則是外在的好處。這個講法與亞里士多德式的原則有極爲密切的關係。事實上，麥肯泰爾認爲他自己所提倡的理論是亞里士多德式的。見 *After Virtue*, pp. 173–178.

關係都是不眞實的。我們把大自然當做被征服的對象這種世界觀完全是錯誤的。

上述的青年社會主義者與佛教徒都會同意洛爾斯所提出的，他們需要一定數量的基本有用物品以維持生命及完成他們的人生計劃。但是他們對於洛爾斯所說的，在原初境況中的立約者必然地會希望有盡量多的基本有用物品這點則會提出異議。他們會指出，有某些類型的人生計劃並不假定越多的基本有用物品一定比適量的基本有用物品要更爲理想。他們甚至會說，想盡量佔有這種欲望本身就是非理性的，他們的人生計劃就表現出擁有越多基本有用物品並不一定具有正面的價值。相反的，不斷地追求外在的好處會使得他們從自己的目標中分心出去。洛爾斯的回答：「在無知之幕揭開之後，你們可以放棄那些你們所不要的基本有用物品」並沒有針對到他們的論點。他們的論點是，基本有用物品的理論假定，擁有更多的基本有用物品對於所有的人生計劃都是有用的，而這個假設本身不能站得住腳。他們只想指出，有些類型的人生計劃與這個假設是不相容的。在這裏，洛爾斯指出，卽使馬克思也承認基本有用物品的價值，只是他認爲，生產工具應該由集體所擁有。但是，洛爾斯在這裏這樣引用馬克思的講法是完全不相干的。上述的靑年社會主義者與佛教徒並沒有否認基本有用物品的價值。他們所想爭辯的只是，想要適量的或不想要盡量多的基本有用物品這種欲望並不是非理性的。反過來說，想要盡量多的基本有用物品也不見得一定就合乎理性[20]。

上面兩個例子所顯示的是，擁有盡量多的基本有用物品對所

[20] "Fairness to Goodness," p. 541.

有類型的人生計劃都是有利的這個假設是值得懷疑的。在導出兩個公正原則時，公平式的公正做了這個假設。洛爾斯正確地指出，在現實世界中人們會有什麼樣的動機，乃決定他們所處的社會型態是怎麼樣的㉑。但是，我提出這兩個例子的目的只是用以指出，基本有用物品的理論並非對所有人生計劃都是正確的。如果這個論點能夠成立，我們就可以證明它並非公平地對待所有的立約者。它並不能做爲一個公正理論的堅實的基礎。單薄的價值論也許並不像洛爾斯所想像的那麼單薄。由於基本有用物品的理論與有些類型的人生計劃不能相容，它當然會鼓勵某些類型的人生計劃。基本有用物品的偏頗性所導引出的是，這個理論假定了人們的動機有一個特定的結構，而任何與這種結構不相一致的人類動機都被視爲是非理性的。從這點，我們可以推出，這個理論所假設的普遍的人性，事實上只是某個特殊的文化或社會條件下所產生的東西。由上面對於個人主義的定義來看——人們所具有的根本的目的與興趣是獨立於特殊的社會形式而被決定的——以及基本有用物品的理論所提出的，在原初境況這個前於社會（pre-social）的情境中，人們的動機及欲望具有某一個特定的結構，我們可以下一個結論說，基本有用物品這個理論是個人主義式的理論。

㉑ 許華茲所舉的青年社會主義者的例子很具啟發性，但是，這個例子並不能使她達到她所要的東西。她指出，這個青年的社會主義者可以有充分的理由指出，在一個建基於希望取得盡量多的基本有用物品的社會中，他將會受到傷害。在這裏她只是假定了處在洛爾斯式的井然有序的社會中，人們會希望擁有盡量多的基本有用物品。但是，這個假設是否能成立她卻沒有提出任何證明。見上引Schwartz文第 304 頁。

第七章 契約倫理與交談倫理——洛爾斯與哈柏瑪斯

1. 重建式的理論 (*Reconstructive Theory*) 與溝通行動 (*Communicative Action*)

要了解一個哲學理論，以及確定它所處的位置，將它與別的理論作比較，常常是一個很好的途徑。通過比較，我們可以更清楚地看出一個理論的特點以及它與別的理論不同之處。當然，比較是一件不容易作好，甚至危險的事情。首先，我們要對兩個理論都有相當程度的認識，如果這個條件沒有滿足的話，我們就不應該進行比較的工作。如果硬要作的話，則結果常常流爲望文生義的比附。比附不但不能增進我們的了解，還會把我們導入誤解中去。其次，這兩個理論之間要有可以相比的地方。比較的意義並不是隨便拿兩個理論，指出它們的異同就完成了。比較的目的是爲了加深我們對兩個理論的了瞭。隨意的比較很顯然不能達到這個目的。比較之所以能加深我們對某一個理論的了解，主要是由於透過它，我們更能把握住一個理論的特點之所在，以及這個理論的整個結構。僅僅是列舉式地指出兩個理論的相同以及差異之點，並不一定能在這兩點上對我們有什麼幫助。

想要通過比較的方式以對洛爾斯的理論的特點作更深入的了解的話，最理想的比較對象應該是效益主義。洛爾斯建構公平式的公正的最重要的目的之一就是由於他認爲效益主義有一些極爲嚴重的缺點。用效益原則作爲社會基本結構的原則所引起的有些後果是我們無法接受的。但是，我在這裏卻要把它拿來與另外一個理論作比較。我所要用的理論是哈柏瑪斯 (Jürgen Habermas) 的交談倫理 (discourse ethics)。我之所以選擇哈柏瑪斯而不用效益主義來與洛爾斯作比較，主要是由於下列幾個理由：(1) 雖然洛爾斯建立他的理論的主要目的是要在效益主義之外提出一個系統性的理論來取代它，但是，把他的理論與效益主義作比較的文章已經很多❶。同時，洛爾斯自己在《一種公正理論》一書中也把「公平式的公正」與「古典的效益主義」的一些特色作了一個對照。(見 22-33 頁以及 150-192 頁) 第二個理由是，洛爾斯與哈柏瑪斯兩者都宣稱，自己的理論是繼承康德的道德理論而來

❶ 有關這方面的比較，參閱下列這些文章：Kenneth Arrow, "Some Ordinalist-Utilitarian Notes on Rawls' Theory of Justice," *The Journal of Philosophy*, 70, No. 9, 1973, pp. 245-63; Dan Brook," "Contractualism, Utilitarianism, and Social Inequalities," *Social Theory and Practice*, 1, 1971, pp. 33-44; Scott Gordon, "John Rawls' Difference Principle, Utilitarianism, and the Optimal Degree Inequality," *J. of Philo.*, 70, No. 9, 1973, pp. 275-80; D. Lyons, "Rawls Versus Utilitarianism," *J. of Philosophy*, 69, 1972, pp. 535-45; R. Miller, "Rawls, Risk, and Utilitarianism," *Philosophical Studies*, 28, 1975, pp. 51-61; A. K. Sen, "Rawls Verus Bentham," "An Examination of the Pure Distribution Problem," *Theory and Decision*, 4, 1974, pp. 301-9.

的。洛爾斯在書中指出，我們對於原初的境況可以給予一個康德式的解釋(A Kantian Interpretation)，而且他在書中也提出了這樣一個解釋（見第 40 節，251-257 頁)。哈柏瑪斯在 1984 年的一個訪問中，講了下列這樣一段話：

> 越是近來，我對於阿培爾 (Karl-Otto Apel) 與我所共同喜愛的交談倫理(discourse ethics) 這種進路(approach) 作了更為全面及澈底的說明。這個進路是一種想要借用溝通理論 (theory of communication) 的幫助來重建康德式的倫理學的一種嚐試。在重新整理的過程中，我的最主要的提示是從洛爾斯與科伯爾 (Kolhberg) 那裡得來的❷。

這段話中，哈柏瑪斯不但指出他的交談倫理是一種康德式的倫理學，同時他更提到洛爾斯對於他重建康德式的倫理的提示。由於兩人都認爲康德是他們理論上的先導者，因此，對他們的理論作比較可能會給我們帶來一些對他們更加深入的了解。最後，第三個我之所以要比較他們兩人的理由是，洛爾斯提出的理論是一個繼承自由主義傳統的理論。他的主要做法是以契約這個概念爲基礎，重新把自由主義的一些主要論旨建立起來。但是，哈柏

❷ "A Philosophical—Political Profile: A Written Interview with Perry Anderson, and Peter Dews," *New Left Review*, 151, May-June 1985, pp. 75-105, Tr. P. Dews. 本文收集在 *Autonomy and Solidarity: Interviews with Jürgen Habermas* 一書中，Peter Dews (ed.) (London: Verso, 1986), p. 160.

瑪斯卻繼承了一些馬克思的主要思想，而認爲自由主義必須要整個重新改造。在這點上，我們可以通過對他們的比較更清楚地看出自由主義的特色究竟是什麼，以及我們現在究竟是否能超越自由主義這個西方現代社會中最具壟斷力的政治理論。

首先，我們要對於哈柏瑪斯的理論做一個很簡單的介紹。在上面所引的那段文字中，哈柏瑪斯指出，交談倫理是借助溝通理論對康德式的倫理學的一種重建❸。但是，溝通理論所要處理的究竟是什麼問題呢？它以什麼方式來幫助交談倫理的建立？溝通理論所要處理的對象是人的溝通能力（communicative competence)。當我們以語言（language）或言語（speech）來作爲溝通的媒介，把自己的意思用語言表達出來時，我們必須要借助於言語行動（speech act）才能完成這個工作。言語行動是以語言或言語來作一件事的一種行動。例如我們用言語向別人做一種請求，或下一個命令，或問一個問題，這些都是言語行動。在用言語作這些事的時候，我們不但講出了一個命題，同時還在這個命題之外加上了一個言語行動。一個命題所表達的是一個事態(state of affairs)。例如，「關門」這個命題所表達的是一個事態，如果甲對他的孩子用命令的語氣講這句話時，這個言語行動所附加於這個命題上所產生的結果與他的孩子問甲「關門？」時就完全不同了。同樣的一個命題可以與不同的言語行動連起來，而使得使用這個命題的意義變得不同❹。言語行動的理論是

❸ 哈柏瑪斯有時候也用溝通倫理（communicative ethics）這個詞來指稱他的理論。

❹ 見 Habermas："What is Universal Pragmatics?" 本文收在他的 *Communication and the Evolution of Society* 一書中，Tr.

屬於語用學（pragmatics）的研究範圍。語用學所研究的是牽涉到人類使用語言的問題。通過言語行動，我們可以使用語言來作溝通的工作。語用學所要研究的就是這種溝通的能力。但是，哈柏瑪斯所提出的普遍語用學（Universal Pragmatics）與經驗性的語用學卻是不同的東西。後者所研究的是人類在溝通時的一些語言以外的經驗條件，包括自然以及社會的條件。心理語言學(psycholinguistics)及社會語言學(sociolinguistics)所研究的對象就是這些經驗性的條件。普遍語用學所要研究的則是人類在任何情況下作溝通行爲時所必須作的一些預設(presuppositions)。這些預設是溝通行爲之所以可能的普遍且必要的條件❺。普遍的語用學是一種重建式的科學（reconstructive science)。但是，重建式的理論究竟是怎麼樣的一種理論？

哈柏瑪斯從喬姆斯基（N. Chomsky）處得到重建式的理論這個概念。喬姆斯基指出，語言學的工作就是要把說母語的人對於語言的文法感背後所有的規則重建起來。根據喬姆斯基這個基

(續)Thomas McCarthy (Boston: Beacon Press, 1979), pp. 34-38. 以後將簡寫爲 *C & E*。言語行動的理論在語言哲學的傳統中主要的討論者是 J. L. Austin 及 John Searle。見 J. L. Austin, *How to Do Things with Words* (Oxford: Oxford UP, 1962). 及 John Searle: *Speech Act* (Cambridge: Cambridge UP, 1969).

❺ 見"What is Universal Pragmatics?" (*C & E*) 1-2 頁及 26 頁。並見 Thomas McCarthy, *The Critical Theory of Jürgen Habermas* (Cambridge, Mass.: M. I. T. Press, 1978), p. 276. 及 John Thompson, "Universal Pragmatics", 本文收在 *Habermas: Critical Debates* 一書中，(ed.) John Thompson and David Held (London: The Macmillan Press Ltd., 1982), p. 117.

本的構想，哈柏瑪斯把它應用去研究溝通行動。語言學的研究對象是語言（language），它的基本單位是一個語句（sentence），但語用學研究的基本單位是說話（utterance）❻。語句是一個靜態的東西，而說話卻是一種行動。在使用語言時，任何一個說話者都能夠用語句來做他想要做的事情，這種知識賴爾(Ryle)把它稱之爲知道怎麼做(know-how)❼。但是用文取（Peter Winch）的話來說，人類的語言是一種由規則所統轄的（rule-governed）系統，同時，使用語言這種行爲也是一種規則所統轄的行爲，一個語言的使用者儘管在使用語言做一件事的時候能夠達到溝通的目的，但這只是表示他知道怎麼去做，而卻並不表示他知道究竟統轄語言系統及使用語言的規則是什麼。一個使用某一種母語的人可以一輩子很流利地用語言來做無數的事情，而對這兩組規則一無所知。要對這種能力提出一種說明，我們所需要做的，是對這兩組隱藏的規則做一種重建的工作。而這種重建的工作的成果是一組知識，這種知識用賴爾的名詞來說，是一種知道是這樣的(know-that)的知識。所謂重建式的理論，就是把知道怎麼做這種形式的知識背後的一組規則整理出來，而這種對於說話者的能力所提供的理解就是一種重建式的理解（reconstructive understanding）。對這種形式的理論及理解，哈柏瑪斯指出：「重建式的理論提議所針對的領域是先於理論的知識，它並不是針對任何隱含的意見，而是一種已被確立的先行知識。」而普遍語用學所要重建的對象就是人類在使用語言做溝通時所必須預設的一組規

❻ Habermas, "What is Universal Pragmatics," *C & E*, p. 14.

❼ 見 Gilbert Ryle, *The Concept of Mind* (London: Oxford UP, 1949)。

則。由於這是任何一個語言的使用者都必須預設的規則，因此，它具有普遍性。這種重建式的語言理論的特性可以從將它與經驗式的理論的比較突顯得更爲清楚。

(1) 對語言作經驗式的研究時，我們把人類的語言行爲作爲一種可以被觀察的與料（observable data），而語言學的工作就是提供一組律則性的假說（nomological hypothesis）來說明這些觀察與料。如果以這種方式來研究語言的話，語言學與其他的物理科學並沒有什麼不同。它的最高理想是提出一套由定律所構成的理論，而用這些定律來說明個別的事件。但是，重建式的理論卻不把語言行爲或語言本身只視爲是自然界的一種可以被觀察到的與料。人的語言世界是一種「符號性結構化的實在」（symbolically structural reality），它是有意義的。一連串的符號之所以構成意義並非由於它們的物理性質使得它們具有這種特質，而是由於一組規則才能使這一羣物理的項目具有這種意義。因此，重建式的語言學並非要找尋出一組定律，而是要發現或建構一組規則。這組規則是使得一組物理項目可以有意義的基礎及條件。

(2) 雖然所有具有詮釋性（hermeneutic）的學科都會把意義這個層次做爲它們的研究對象，但是意義闡釋（meaning explication）的工作只是通過分析表面結構（文化、生命形式、語言文字）這個媒介去探尋出它們所要傳達的意義，因此，它主要的工作是語意的分析。重建式的理論主要並不是探究符號所要傳達的意義，而是要發現或建構一組使得符號之所有有意義的規則。它的目的並不是分析、闡釋或翻譯那些意義不清楚的符號，而是構劃出一個具有使用語言能力者所必須把握的規則❽。

(3) 自然科學對自然的了解相對於常識而言是一種進步。因此，當自然科學對於一種現象的解釋與日常對這種現象的了解有不同時，日常知識總是被否定掉。但是，哈柏瑪斯認爲在重建式的理論中，由於它的目的是要說明人的語言能力或溝通能力，因此，一個說母語者對於該語言的先於理論的知識是最具權威的知識。當一個重建式的理論與說母語者的先於理論的知識有衝突時，我們必須對理論進行修正，而不是像在自然知識中那樣去修正日常的知識❾。這個講法究竟能不能成立，或者哈柏瑪斯是否需要堅持這點是個可以爭辯的問題。因爲這個講法所引起的實證主義的蘊涵並不是他所願意接受的。實證主義者認爲有一組獨立於任何理論而爲眞的命題，任何理論只要與這組命題不相容的話，這個理論就有問題。一個較爲整體主義式的看法則認爲並沒有這樣一組命題存在。任何命題都可以被修正❿。

有關重建式的理論的特性，哈柏瑪斯還指出了在資料方面它與經驗性的語言學有所不同，後者的對象是可以被觀察到的語言行爲，它把這種行爲作爲知覺世界中的實在來研究。但重建式的理論的資料卻是說母語者在使用語言時所表達的一種規則意識 (rule consciousness)⓫。這種講法我想也是有問題的。任何研究語言的理論都必須從人的語言行爲出發，而且都必須把這種行

❽ 見 McCarthy, p. 277。

❾ "What is Universal Pragmatics?" *C & E*, p. 16; 及 McCarthy 第 278 頁。

❿ 見 Quine 的 "Two Dogmas of Empiricism", 本文收在他的 *From A Logical Point of View* (New York: Harper & Row, Publishers, 1953), pp. 20–46.

⓫ "What is Universal Pragmatics?" 見 *C & E*, p. 15.

爲視爲一種實在。至於語言學之所以與自然科學不同，乃是由於它是以一組有意義的符號系統，以及遵循規則的行爲作爲研究對象。但是，這個特點我們在談 (1) 的時候已經說明過了。

從以上的對照，我們至少可以了解到重建式的理論究竟是一種什麼形式的東西。但是，從上面的勾劃我們也不得不承認，這種形式的理論還是處於萌芽的階段。究竟它能否茁壯成長，現在還言之過早。它的許多特性都有待作更精微的探討。例如，規則 (rule) 究竟有些什麼特性？它與定律 (law) 有何不同？規則與知道怎麼做 (know-how) 之間的關係究竟是什麼？怎麼樣才算遵循一個規則？等。哈柏瑪斯也承認重建式的理論還只是處在一種研究綱領 (research program) 的階段。他說：「在名詞問題之外，還存在着那尚未被充分釐清的系統性的問題——重建式的非律則性的經驗科學所處的地位究竟如何？」⑫

我認爲這是對重建式的理論的一句中肯的評語。雖然尚有許多的工作要做，但是，把規則作爲研究的主要對象卻是一個正確的起步。用規則來取代實證論所提出的定律，可以避免決定論的模式，而使自由在人文世界中得到肯定。

2. 倫理學與道德判斷的客觀性

對重建式的理論及普遍語用學作了簡單的介紹之後，接着要作的是比較哈柏瑪斯與洛爾斯對於倫理學的性質的看法。在這點上，他們兩人的觀念幾乎是一致的。同時，他們都由喬姆斯基的

⑫ *Ibid.*, p. 25.

語言學理論得到啟發。

對於重建式的理論有了瞭解之後，要說明哈柏瑪斯對倫理學的性質及功用的想法，就變得較爲容易，因爲，道德行爲是一種溝通行動，倫理學或道德哲學是溝通行動的理論的一個部分。讓我們先引幾段哈柏瑪斯的話，然後再對他的想法作一個說明。

「以道德的方式來解決行為之間的衝突這個辦法排除了明顯地使用暴力的方式。……它可以被理解為一種溝通行為的延長⑬。

「……語法理論 (syntactic theory)，命題邏輯，有關科學的理論，以及倫理學分別地由語法上完構的語句，正確地組成的命題，充分證實的理論以及道德上無法反對的對於規範衝突的解決出發，以重建一些規則，根據這些規則，上述那些構築才得以產生⑭。

「今天，只有在我們從事重建溝通的一般假設及證立規範與價值的程序這項工作時，一個不只是限於後設倫理學述句的哲學倫理學才有可能⑮。

「道德理論是以重建的方式進行的，換句話說，它的工作始於事件發生之後⑯。

---

⑬ "Moral Development and Ego Identity", 本文收集在 *C & E*, p. 78。

⑭ "What is Universal Pragmatics?" 見 *C & E*, p. 14.

⑮ "Historical Materialism and the Development of Normative Structures", 見 *C & E*, p. 97.

⑯ Habermas, A Philosophical—Political Profile, 收在 *Habermas: Autonomy & Solidarity*, (ed.) Peter Dews, p. 171.

從這幾段引文中，我們可以看出，哈柏瑪斯認爲，道德行爲是一種溝通行動。這種行動的主要目的是爲了達致溝通者之間的彼此了解。而在這種行動中，唯一被允許的力量就是論證的力量。在這種行動中，雙方所服從的是論證所提出的理由，由於這種行爲所訴諸的是理由，因此，它是一種理性的行爲。道德行爲既然是溝通行動中的一種，它的目的自然也是爲了達到一種同意，而在道德領域中，行動者之間彼此所同意的就是什麼是對的行爲規範。由於溝通行爲是一種理性的行爲，同時，道德行爲是溝通行爲的一種，因此，在達致同意的過程中，它們所能訴諸的力量也是理性的力量。只有提出較好的理由的一方才能在這種行爲模式中脫穎而出。

道德行爲既然是一種溝通的行爲，它所展示出來的是一種溝通的能力。就像透過語言人類之間建立一種互動 (interaction) 關係一樣，人類透過道德行爲，建立起一種溝通的關係。溝通理論是探尋或建立人類溝通時所不得不做的預設，這些預設是由一組規則所組成。這組規則，可以使得人類了解到在知道怎麼做背後所預設的是一組什麼樣的規則。後面這組知識可以被用來闡釋前面那一組知識。同樣的，會做道德判斷以及道德實踐乃是一種知道怎麼做的知識，這組前於理論的知識也需要有一組類似「知道是這樣的知識」才能得到闡釋，這種闡釋也是由一組規則所組成的。這組規則我們可以把它稱之謂道德的規範。顯而易見的，這種對道德哲學與道德行爲之間關係的想法與溝通理論以及溝通行爲之間的關係的想法是相平行的。溝通理論是對於溝通能力的一種重建式的理論，而道德理論則是對道德能力的一種重建式的理論。這就是爲什麼我說哈柏瑪斯的道德理論是他的溝通理論的一部分的緣故了。

洛爾斯對於道德哲學的概念，我們前面已經談過，現在很簡單地把它敍述一次。他的道德理論的概念與哈柏瑪斯基本上是一致的。雖然他並沒有提出重建式的理論這個概念，但是，他也指出，道德哲學的工作與喬姆斯基的語言學理論的工作一樣，都是要對我們的某種行動能力的闡釋。語言學理論是對我們文法感以及由此而來的語言能力提出一種闡釋，道德哲學則是對我們會下道德判斷以及會做道德實踐這種能力提出一種理論的闡釋。（第46–47頁）洛爾斯指出，任何人只要心智成熟到某一個階段之後，對於許多事件、機構及行爲都會做道德判斷。他會指出某一個行爲是不道德的，某種制度是不公正的等。他也會根據自己的道德判斷去採取某一種行動。這種判斷以及實踐所表現的是一種能力。發出這種判斷及採取這種行動的作者所表現的是他具有這種能力。這種能力我們可以將它稱之爲道德能力（moral competence）。它究竟是先天的或是社會化的結果乃是一個哲學上爭論不休的問題，我們在這裏不能討論。但是，在任何社會中，任何一個心智成熟的人都或多或少地具有這種能力卻是一個事實，道德哲學的工作就是建立起一套理論來說明這種能力。這套理論是由一組原則所構成。這組原則並非只是由人們日常的道德判斷以及做這種判斷時所提供的理由就能夠建立起來。因爲這只是經驗性的搜集工作。它們是喬姆斯基所謂的深層結構(deep structure)的一部分。這組原則乃是我們之所以會做道德判斷及道德實踐的根據。因此，它也就是哈柏瑪斯所談的道德實踐所可能成立的根據。關於這組原則與道德判斷之間的關係，洛爾斯的想法較爲清楚。他指出，當我們把這組原則與具體的經驗條件連在一起時，由它們我們可以推導出某一組的道德判斷。因此，原則加上具體的經驗條件跟具體的道德判斷之間的關係是一種邏輯演繹的關係。就像實證論者所提出的演繹——律則的模式（deductive — nomological model）一樣，道德原則加具體的經驗條件對具體的道德判斷所提出的是一個科學式的說明。這種講法究竟能否成立以及原則或規則與定律之間究竟有沒有實質上的不同都是值得爭議的。

以規則或原則爲目標的重建式的理論與以定律爲目標的律則式的理論之間的比較是一個有趣的題目，洛爾斯在一篇有名的文章〈兩個規則的概念〉中曾經對規則作過詳盡的分析。他指出有兩種不同的規則概念，一種是歸納式的，另一種是實踐式的⑰。但是，他的分析並沒有提出規則與定律之間的相同處，因此，重建式的理論與律則性的理論，以及規則與定律與具體的道德判斷與經驗判斷之間的關係究竟是怎麼樣的，乃是一個尙待探討的問題。哈柏瑪斯對於重建式理論所探尋出的原則與具體的實踐或判斷之間的關係則沒有像洛爾斯這樣淸晰的想法。他只是指出，溝通理論中的規則是溝通行動的不可或缺的預設。如果他們之間的關係是這樣的話，則我們所能做的只是由溝通行動的存在推出這些預設，而不是由預設推出溝通行動；如果是這樣的話，這些預設在什麼意義之下能夠說是對我們的溝通能力提供了一種闡釋？這個問題哈柏瑪斯似乎並沒有提出什麼答案。他的工作事實上是康德式的找尋先驗（transcendental）根據的工作，而不是一種科學說明的工作。

---

⑰ John Rawls, "Two Concepts of Rules," *Philosophical Review*, 64 (1955), pp. 3–32.

除了對於道德哲學的性質有相同的想法之外，洛爾斯與哈柏瑪斯都反對倫理學上的非認知主義 (non-cognitivism)。非認知主義者認為，道德判斷只是一種情緒的表現，它表現的是我們對於某一個對象的一種態度，它是沒有眞、假可言的，因此，道德判斷不是一種知識。價值判斷最後所能訴諸於的只是我們的一個決定，而這個決定本身純粹是主觀的，因此，它沒有客觀性。這是從休姆以來到實證論者的一致看法。哈柏瑪斯不同意這種非認知主義或決策主義 (decisionism)。對道德判斷的看法。他指出，如果我們把倫理規範的合法性的問題視為是一種可以論辯的問題，而在這個論辯的過程中，參與者可以提出理由來支持自己的立場的話，則一個倫理規範之是否能被接受就不是像決策主義者們所說的那樣，只是一個個人決定的問題。非認知主義者無法「對服從具體的命令與遵守交互主觀間承認的規範之間的決定性的差異提出一個說明。」⑱他在許多不同的地方都一再地指出，他的立場是一種認知主義的立場，這也就是說，道德判斷或規範是可以有眞假可言的。他說：

> ……關於倫理學的一些基本問題，我是傾向於一種認知主義的立場的。根據這個立場，在原則上，實踐問題 (practical questions) 可以通過論辯得到解決⑲。
>
> 假如……哲學的倫理學以及政治理論的工作被認為是彰顯日常意識中的道德核心並且是把它重建為有關道德的規範

---

⑱ Habermas, *Legitimation Crisis,* Tr. T. McCarthy (Boston: Beacon Press, 1975), p. 104.

⑲ Habermas, *The Theory of Communicative Action,* Vol. I, Tr. T. McCarthy (Boston: Beacon Press, 1984), p. 19.

> 概念的話，則它們就必須製定標準並提供理由，也就是說，它們必須製造理論知識⑳。

如前所述，哈柏瑪斯認爲哲學的倫理學所作的就是重建道德的規範概念的工作，因此，它們的成果就是理論知識，而理論知識是有眞、假可言的。至於哈柏瑪斯用什麼論證來支持他的認知主義的立場，我們在下一節中才來討論。

洛爾斯的立場是一種認知主義式的則是明顯不過的事情。他一再提出如何證立道德原則的問題。整個契約的進路以及反思的均衡（reflective equilibrium）都是爲了證明，接受他的兩個原則乃是最合理的選擇。所謂最合理的意思就是說，在接受道德原則時，我們並不是如非認知主義者們所說的那樣，只是表示一種態度或是一種決定而已，我們之所以接受一組道德原則，背後是有理由的；而理由本身是否能站得住腳是一個可以通過論辯來決定的問題。在一篇專門討論道德方法的文章中，他指出，倫理學中歷來所關心的最大的一個問題就是道德原則的客觀性的問題㉑。他認爲，道德原則之是否具有客觀性並非決定於道德判斷是否相應於外在世界的存在，而是決定於我們能否找到一個合理的程序來決定這些判斷的眞、假。就像邏輯中的眞理一樣，沒有人對它們的客觀性提出懷疑。但是，我們對於邏輯概念像「如果」、「或者」、「並且」等的存在學上的地位（ontological status）

---

⑳ "Legitimation Problems in Modern State", 本文收在 *C & E* 中，pp. 202–203.

㉑ "Outline of a Decision Procedure for Ethics," *The Philosophical Review,* 66 (1957), pp. 177–97.

並不是很清楚。我們不知道外在世界中究竟是否存在着與「如果」這個概念相應的一個項目，就像我們確信外在世界中存在着與「樹」這個概念相應的一個東西一樣。但這種存在學上的不清楚並不妨礙邏輯眞理的客觀性。同樣的，卽使我們不知道外在世界究竟是否存在着與「善」、「應該」等概念相應的項目，這也不會妨礙道德判斷的客觀性。假如我們能夠像在邏輯中那樣找到一個檢證道德判斷或規範的決定程序，則它們的客觀性也得以建立。洛爾斯認爲他所提出的契約概念及反思的均衡方法就是這樣一種程序，透過這種證立的方法，我們可以指出某一組道德原則乃是合理的。

3. 交談與契約

哈柏瑪斯用什麼論證來支持他的倫理學的認知主義呢？道德判斷如何能夠是合理的？要了解他的認知主義，我們還是得從他的溝通理論出發。他指出在任何一個以彼此了解爲最終目的的溝通行爲中，說話者在從事這種溝通行爲時，都不可避免地訴諸下列四種有效性聲明 (validity claims)。當一個人在與別人溝通時；首先，他會提出，他所表達出的語句是可以被了解的 (comprehensible)，其次，他所說的話是眞的 (true)，再其次，他的意圖 (intention) 是眞誠的 (truthful) 最後，講話者在那個場合講出那樣一句話合乎一些規範，因此，在這個情況下這樣講話的方式以及內容是對的 (right)，並且恰當的 (appropriate)[22]。

---

[22] 見 *The Theory of Communicative Action*, pp. 38–39. "What is Universal Pragmatics?", 見 *C & E*, pp. 2–3, pp. 58–59.

任何以了解爲目的的溝通都明顯地或隱然地提出這四種有效性的聲明，也就是說，溝通之所以可能，乃是建立在這四種預設之上的。如果溝通的目的是爲了彼此間的了解，則可了解性這個要求很顯然是一個必要的預設，眞誠性（truthfulness）也同樣是不可少的。溝通的目的是爲了傳遞消息，因此，說話者也必須預設他所傳遞的消息是眞的。最後，二個人在作溝通時，他們的行爲必須符合一些規範性的規則。例如，一個人如果想對對方下一個命令，他就必須用適當的言語行動（speech act）才能完成這個目的。透過這個適當的言語行動他才能與聽者之間建立起一種他所想要的人際關係。如果他用了別的言語行動，他就無法達成這種關係。因此，在溝通行爲中，溝通者也必須提出他的行爲乃是一種對的或恰當的這種有效性的聲明。在現實世界中的溝通，這四種有效性的聲明都是隱然地被接受的。哈柏瑪斯認爲在任何溝通行爲中，溝通者同時隱然地或明顯地提出了這四種有效性的聲明。但是湯普生（Thompson）在〈普遍語用學〉一文中卻對這種講法提出質疑㉓。對於這個問題，我們在這裏可以不用討論。但是，有一點卻是須要提出來的。日常的溝通行爲中，溝通者有時候會要特別強調某一個有效性的聲明。例如，當某甲對某乙說，「我斷言『丹麥的人口少於挪威』」，或是「國會應該考慮彈劾總統。」在前一句話中，甲所要特別突顯的是眞理這個有效性的聲明。在日常溝通行爲中，如果我們要肯定某一個命題爲眞時，一般我們都不會加上「我斷言」這樣的前行詞，因爲我們認爲若一個人要肯定一個命題時，他只要說出那個命題已經夠了，但

㉓ 本文收在 *Habermas: Critical Debates* 一書中，p. 126.

是這並不表示在描述一個命題時，他就沒有運用到任何的言語行動。事實上他是運用了一種對這個命題作一種斷言 (assertion) 的言語行動。當甲對乙說「我斷言……」時，他只是要強調在講那句話時，他堅決地肯定它的眞理而已。同樣的，當他說「國會應該考慮彈劾總統」這句話時，他所要突顯的是對「恰當」這個有效性的聲明。對於「國會考慮彈劾總統」這個命題，他表示出一種規範性的肯定，而這種肯定是透過「應當」這種規範性的言語行動表現出來。由於在講一句話時，我們常是要爲了突顯某一個有效性的聲明，因此，我們常常看到人們將語言的功用作區分，指出有所謂認知的用法，規範性的用法，傳遞感情 (expressive) 的用法等。當然，這種分別的根源是來自語用上如何對命題加上不同的言語行動所引起的。

在日常生活中，如果溝通的行爲進行得順利，雙方都不會對彼此所提出的明顯的或隱然的有效性的聲明提出質疑或挑戰。例如上面所提的第二個例子中，如果乙也認爲國會應該考慮彈劾總統時，他就不會對於甲所提出的這個規範性的主張提出質疑。溝通行爲可以繼續下去。也許他們接着會考慮如何進行彈劾的問題。例如，去遊說代表本州的議員。但是，如果乙不同意甲的聲明而提出質疑時，他們就必須推向較高一個層次的談話。甲可能會引用法律或憲法的條文以及一些經驗事實來支持他的聲明。在這個層次上，乙可能被甲說服，認爲他提出的理由是站得住腳的，他也可能不同意甲的說法。如果他對甲的不同意是建基在對於甲所提出的法律及憲法條文不同意時，甲可以再往上一層指出爲什麼這樣的法律及憲法條文是合理及公正的。如果乙仍舊不同意的話，他們之間的溝通就不能再繼續下去，因爲作爲溝通可能的有效性的聲明已經不再存在。面臨這種溝通破裂的情況時，雙方都有兩項選擇，他們可以放棄溝通而訴諸戰略性的行動（strategic action）。在這種行動中，行動者唯一考慮的是如何採取最有效的手段以達到自己的目的；但是，他們也可以暫時不提出自己對某一個命題的有效性的聲明，而進行討論到底他們應該採取什麼標準來決定一個聲明的有效性。若採取後一種方式的時候，他們就進入了交談（discourse）的領域。哈柏瑪斯指出，溝通行動可以分爲兩種，第一種他稱之爲互動（interaction）。這是我們在日常生活中以彼此了解爲目的的行動。在日常的溝通中，有效性的聲明的標準一般不會被提出質疑。透過日常的語言，彼此之間交換經驗及看法。其次是交談。它是從日常生活中推往一個更爲抽象層次的溝通行動。在交談中，溝通者們不再能夠單純地假定彼此之間有共同有效性的標準，因爲正是由於這種標準出了問題時，他們才需要進行交談。在交談中，一切有效性標準對交談者的束縛都不再存在，在交談中，彼此爲了達到非強制性的一致，大家所服從的是理性，只有理由較爲充分的論證才能得到大家的認可㉔。由於在交談中，人們所唯一服從的是較好的理由，

㉔ 見 McCarthy: *The Critical Theory of Jürgen Habermas*, pp. 291-292. 哈柏瑪斯說:「交談可以被瞭解爲那樣一種形式的溝通，在這種溝通中，我們脫離了經驗與行動的系統，而這種結構提供給我們的保證是：被放置在括弧中的那些斷言（assertions）、建議（recommendations）以及警告的有效性的聲明是討論的唯一對象；參與者、題目以及建議，除了專門爲了達成測驗成問題的有效性的聲明這個目標之外，不受任何限制，除了較好的論證所顯示的力量之外，沒有別的力量在這裏有任何作用；由這些所引致的結果是，除了大家合作以追求眞理之外的一切動機都被排除出去。」見 *Legitimation Crisis*, pp. 107-108。

因此，哈柏瑪斯認爲通過交談所建立起來的有效性的標準，無論是眞理的標準或是道德的標準，都是合乎理性的，而不是像決策主義者們所說的，這些標準都是肆意的（arbitrary）。但是，什麼東西可以保證交談的結果就一定是合理的呢？在日常世界中，客觀的環境對我們的影響，以及我們主觀的偏見、意識形態處處都指向要人們只服從理由是一件幾乎辦不到的事。在這裏，哈柏瑪斯提出了「理想的說話境況」(ideal speech situation) 這個概念。在這種「理想的說話境況」中，每一個參與者都有相同的機會去選擇及採用他所想要的言語行動，每一個參與者都是自律及平等的，沒有任何參與者被理性以外的力量所影響。在這種境況中，當我們進行理論性的交談時，每一個參與者都可以自由地質問可疑的聲明，評斷任何一個說明，甚至討論知識的性質。而在實踐性的交談中，人們可以質疑任何的規則及價值標準，討論它們的理據等。由這種在理想的說話境況中所得到的同意，乃是一種非強制性的同意，在這裏，人們之所以同意某一個標準，純粹是因爲支持這個標準的理由比支持別的標準的理由要好。由於這個原因，我們可以說這種同意是有理性基礎的。當然現實世界並不是這樣的一個「理想的說話境況」。現實世界中人們受偏見的影響，權力的威脅，利害的誘惑，以及無知的蒙蔽，使得他們無法做到只服從理性及理由。但是，在這裏，哈柏瑪斯指出一點深刻的洞察。他說，「理想的說話境況旣不是一個經驗上存在的現象也不只是一個建構，而是在交談中不可缺少的相互的假定。這個假定可以是，但卻並不一定是與事實相反(counter factual)；但是，即使它是與事實相反的，它們是在溝通中一個運作上有效的虛構。所以，我比較喜歡說對於一個理想的說話境況的預期

(anticipation)。」㉕「在這個不可避免的虛構之上，奠立了人仍舊做爲人所擁有的人際關係的人道性。」(On this unavoidable fiction, rests the humanity of relations among men who are still men)㉖。交談是否一定能引導出理性的同意這個問題，哈柏瑪斯並沒有提出討論。當然，交談的結果也可能無法導致同意，在這個情況下，人的社會就會陷入虛無之中，但是我們可以說，如果人的社會的規範及價值標準是可以被大家接受的話，交談是唯一的途徑。交談的成功所表示的是有效性聲明重新被取回來 (the redemption of validity claims)。

這種交談倫理所提出的證立辦法是一種程序性的證立辦法。這種程序性的證立辦法有別於人類歷史上出現過的其他兩種證立的辦法。第一種是神話式或敍事式的證立方法。在文明的早期，統治者用以證立自已統治理據所靠的是出生的神話。例如埃及的法老以霍洛斯神的姿態出現。在這個證立的層次上，敍事式地說出統治者的家譜已經足以確立統治的合法性。隨着人類文明的發展，大帝國的出現，人們對證立的要求也有了改變。不但統治者的地位需要理據，政治秩序本身也成爲證立的對象。相應於這種要求，建基在宇宙論上的哲學，較高度的宗教，以及倫理學相應而生。孔子、釋迦牟尼、蘇格拉底，以及耶穌所提出的是這種形式的證立。在這種證立形式中，人們所提出的是一組合理化的世界觀，在這種證立方式中，論證取代了敍事。但是這種證

㉕ Habermas, "Wahrheitstheorien", David Held 在他的 *Introduction to Critical Theory* 中引到，見 p. 344.

㉖ Habermas, "Vorhereitende Bemerkungen", John Thompson 在 "Universal Pragmatics" 一文中引到，見 p. 125.

立的形式的一個特色是它最後所訴諸的是終極的基礎 (ultimate ground)。但是，終極基礎及第一原則本身如何得到證立，卻是無法解決的問題。由於終極原則本身的理據問題始終是一個無法解開的死結，現代社會最大的一個特色就是放棄這種證立的形式，而採取了一種新的證立形式。這就是程序性 (procedural) 的證立形式。這種新的證立形式奠基在理性的形式原則之上。「在這裏，理據不僅建基於論證之上——在建立在哲學式的世界觀之上的架構中也是這樣的。因爲終極基礎已無法再站得住腳，理據的形式條件本身 (the formal conditions of justification themselves)獲得了構成合法性的力量。導致合理的協議所遵循的程序及預設本身變成了原則。」㉗程序性的理據標示着現代社會的來臨。哈柏瑪斯認爲盧騷是第一個眞正完成這種證立形式的哲學家。在這種證立形式中，理性的形式原則取代了像上帝或自然那種實質性的原則。康德對於理性的反省所代表的是這種證立形式的高峯。

交談倫理也是一種程序性證立形式的理論。在交談倫理中，一個道德原則之所以被接受，純粹是由於該原則所導出的基礎乃是建立在一個程序之上的。「交談」這個概念本身，加上「理想的說話境況」，「同意」等都是純粹形式的概念。道德原則由這

㉗ Legitimation Problems in the Modern State, 見 *C & E*, pp. 183-186. 形式與實質之間是否眞的可以做一個不可懷疑的區分，在採取某些形式條件及程序之前，我們是否必須作一種實質上的承擔 (commitment) 乃是一個值得探討的問題。契約論中對於自然狀態的描寫所顯示的是，即使採取契約這種方法本身似乎都不能夠在意識型態上保持中立。同樣的，形式理性 (formal rationality) 這個概念的中立性也是可以懷疑的。

些設計所引發出來，並且以它們作爲理據。

乍看之下，洛爾斯在道德原則的客觀性，它們的證立程序等後設倫理學上的問題與哈柏瑪斯的立場是極爲相近的。在上面所引的那段話之後，哈柏瑪斯緊接着就指出，霍布士、洛克的自然狀況及洛爾斯的原初的境況 (the Original Position) 所代表的正是程序理據中的那些形式條件。但是，我認爲他們兩人的想法實在有很大的差異。在指出他們之間的不同之前，首先我們必須簡單地勾劃一下洛爾斯對上述倫理上的認知主義的基礎，以及道德原則的理據等問題的想法。前面在談道德原則的客觀性問題時我已經指出過，洛爾斯認爲，這個問題主要並非決定於道德概念或原則的存在學上的地位，而是決定於我們能否找到一個具有客觀性的檢證程序。他所提出的二個方法——契約的方法以及反思後的均衡的方法都是用以證立道德原則的程序性的方法。這種證立的方法所依賴的不是終極原則而是程序。契約的證立法所指出的是，在原初的境況這個設計中，當每個立約者都處在平等的地位，大家爲了爭取自己的利益而來訂立一個契約時，假如他們能夠達成一個協議，則大家願意接受這個協議這件事實就構成了這個協議的理據。這個協議的內容是一組原則，它是用來作爲分配的公正原則。契約或協議之所以具有這種證立的力量乃是由於：原初境況這個設計本身對大家都是公平的，其次，由於這個設計本身是公平的，因此，任何人之所以接受契約的理由完全不受任何非自願性的因素所左右；由於這點，最後立約者之所以接受某一組原則也是出於自願的。這種自願地接受某一組原則作爲道德原則就是這組道德原則的理據。在這個契約式的證立方式中，我們似乎看不到任何終極原則的影子，因爲契約之所以得以進行並不需要什麼實質性的終極原則，達成協議本身就是一個純粹的程序。只要訂立契約的出發點對大家都是公平的，同時在訂立契約的過程中任何人都不准使用暴力或欺詐等違反公平程序的力量的話，無論最後立約者們所達成的協議是什麼，它都是可以被接受的。這就是一種純粹的程序公正(pure procedural justice)的應用。這種純粹的程序公正就是證立的方法。雖然這種方法並無法保證道德原則的存在學上的地位，但是，它卻能建立起它的普遍性(universality)。事實上，普遍性已能夠滿足認知主義的要求了。

其次，反思後的均衡的方法與哈柏瑪斯的重建式的理論的概念幾乎是完全吻合的。前面在比較洛爾斯與哈柏瑪斯對於道德理論的看法時，我曾經指出，他們兩人都從喬姆斯基處得到啟發而把這種理論看作是一種重建式的理論。這種理論的目的是發現或建構道德能力所以可能的根據。它是由一組原則或規則所組成。反思後的均衡的方法指出，對於我們日常所作的深思熟慮的道德判斷，如果我們能夠找出一組原則用以成功地闡釋(explicate)它們的話，則這組原則本身就得到了它所需要的證立。闡釋是一種演繹的關係。當我們說一組原則可以成功地闡釋某一組道德判斷時，它的意思就是從該組原則加上一些具體的經驗條件，我們可以演繹地推導出該組判斷，它們之間的關係就像演繹——律則模式(deductive-nomological model) 說明中的說明項(explanans)與被說明項 (explanadum) 的關係一樣。在這個模式中，當被說明項可以由說明項及先行條件中演繹地被推導出來時，後者就說明了前者，而前者也就驗證 (confirm)了後者。同樣的，在反思後的均衡這種證立方式中，如果某組道德原則闡釋了某組道德判斷時，後者也就為前者提供了理據。當然，我們可以對洛爾斯這種理論提出質疑，事實上，有些人懷疑過這種方法究竟能否克服相對主義的困難。關於這個方法，還有一點值得提出的是，雖然它的出發點是一組「深思熟慮的判斷」，但是，在證立道德原則的過程中，我們只把它們視爲「暫時性的定點」(provisionally fixed point)，而不是不可以改變的。(見 20, 48-51 頁) 當我們由契約中導出的一組原則與這組判斷有不相吻合之處時，我們可以有二個選擇，一個是放棄該組原則或其中的一部分，另一個選擇是放棄該組判斷或其中的一部分。這種整體主義式的理論與實證論的基礎主義 (foundationalism) 的看法是不同的。很奇怪的是，哈柏瑪斯在這點上似乎是站在實證論的立場。

指出了洛爾斯與哈柏瑪斯之間這麼多的相同之處後，接着要問的是，交談倫理與契約倫理眞的是一樣的東西嗎？「交談」與「契約」眞的是相同的嗎？對於這個問題，我們無法給以一個簡單的「是」或「不是」的答案。它們有相同的地方，而且這些相同的地方是很重要的。上面所講的對道德理論的構想，道德原則的客觀性的問題，以及程序性的證立方式，在道德哲學中，都是極爲重要的問題。但是，它們也有極重要的不同處，例如，對於理性，以及對人類興趣 (human interests) 之形成的看法。這些不同處，就像它們的相同處一樣，也都顯示了他們理論的特性。在下一節中，我們就要指出它們的不同處，並從這種對照，達到對這兩個理論更深一層的了解。

4. 市民社會 (*Civil Society*) 與社羣 (*Community*)

在這節中，我要從三個方面來指出洛爾斯與哈柏瑪斯的不同處，第一點是交談倫理與契倫理中對於理性概念有着不同的了解，第二是兩者證立程序上的差異。交談倫理所用的是對話式的(dialogical) 模式，而洛爾斯契約倫理所用的卻是獨白式 (monological) 的模式。這點差別是很令人詫異的。但是只要考慮到處在洛爾斯的原初境況的立約者的特性時，我們就可以了解到，那些立約者之間並沒有進行任何眞正的對話。在下一節中，我要討論洛爾斯與哈柏瑪斯對於社會的統一的不同看法。在這點上，洛爾斯是一個典型的自由主義者，而哈柏瑪斯想要克服自由主義。

(1) **理性**——在批評韋伯與波柏 (Karl Popper) 的決策主義的一段文字中，哈柏瑪斯指出，他們雖然主張我們可以用理性來對人類的價值取向進行批判，但是，這種批判只限於下列二點上：(a) 分析地測驗價值前提的一致性 (consistency) 或是對於從價值體系所導出的具體目標的實現的可能性做經驗上的測驗。然而，我們究竟爲什麼採納某一個價值體系而不接受另外一個價值體系，最後所依據的卻只能是一個純粹的決定。對於這個決定本身，理性對它是不能進行批評的。就像休姆所指出的，在這個領域內，理性永遠是感情的奴隸。哈柏瑪斯認爲，像韋伯或波柏這些人之所以接受決策主義，或是決策主義之所以會導致這種結果，乃是由於他們對理性概念的了解過於狹隘。這種理性概念把人類的理性限制在演繹論證這個能力上[28]。在理性的實踐運用中，這個理性的概念只把理性的作用限制在有效手段的選擇上。在面對自然時，它是一種技術性的理性 (technical rationality)，

---

[28] *Legitimation Crisis*, pp. 105-106.

而在面對別的主體時，這種手段——目的的理性是一種戰略性的理性(strategic rationality)。哈柏瑪斯指出，馬克思的歷史唯物論中，在知識上把勞動 (labor) 與互動 (interaction) 作一種質上的區分，而把前者作爲人類歷史發展的基礎所導致的結果之一就是把工具理性等同爲人類理性的全部。而他所要作的工作之一是指出，勞動與互動是兩個不同的領域，後者的發展在人類的歷史上所扮演的角色甚至超過前者。而後者的發展所依賴的是一個較爲廣義或豐富的理性概念㉙。這個較爲廣義的理性概念的基礎就是人類的溝通行爲。溝通行爲的最終目標是參與者們達成一種了解或同意。這種行爲的理性化與戰略行爲的理性化是完全不同的。後者的理性化就是採取最有效的手段以達到旣定的目的；在這種理性化中，最爲突顯的特性就是可預測性 (predictability) 及可計算性(calculability)。經濟行爲是最典型的戰略行爲，而經濟行爲中所表現的也是這種理性的化身。但是，溝通行爲的理性化卻完全不同。哈柏瑪斯指出，在溝通行爲中的理性化所意謂着的是，我們排除那些內在與外在對溝通的障礙。這些障礙所達成的結果之一是，人類之間的溝通變爲「系統化地歪曲了的溝通」(systematically distorted communication)。而這系統性地歪曲化了的溝通使得我們無法成功地提出大家能夠有意識地接

㉙ 見 Historial Materialism and the Development of Normative Structures, 收在 *C&E* 中, pp. 117–118. 有關勞動與互動在 Habermas 理論中所佔的中心地位的問題見 Anthony Giddens, "Labor and Interaction", 本文收在 *Habermas: Critical Debates*, pp. 149–161. 並參閱 *Legitimation Crisis*, pp. 103–104.

受的解決衝突的辦法[30]。

這個較爲廣義及豐富的理性概念的基礎是什麼？要解決這個問題，我們還是得回到交談與溝通這種行爲的特性上來找答案。溝通行爲的主要目的是爲了達到參與者之間的了解及同意。在這種人與人之間的互動行爲中，我們顯然沒有把別的參與者只視爲一種達成自己既定目的的手段。事實上，大家在這裏的目的可以說是一樣的——彼此間的了解。這種了解之所以可能，主要就是由於在溝通行爲中，每個參與者都提出並接受了前面所提過的四種有效性的聲明，也就是說，可了解性（comprehensibility）、眞理（truth）、眞誠（sincerity）以及對（rightness）。這四種有效性的聲明可以通過客觀的程序來檢驗。如果它們受到挑戰的話，我們也可以通過交談這種方式來重新取回它。很顯然的，構成戰略行爲的理性的因素——可預測性及可計算性——在溝通行爲中並不能扮演什麼角色。只有通過交談，通過理由的提出，溝通才能完成。因此，溝通行爲的理性化與戰略行爲的理性化的內容就截然不同。我們可以從另一個角度來看它們的不同。戰略行爲可以被視爲是一個人與他以外的世界進行鬥爭的行爲。雖然，在經濟行爲中，我們的對象有時候是自然，有時候是別的人，但是，對於一個想要獲取最高效益者（utility-maximizer）而言，這不構成任何質上的不同。唯一不同之處是，當我們與別的主體打交道時，他也會採取戰略，因此我們也得把這點計算進去。但是，溝通行爲只能在主體與主體之間進行，溝通行爲之所以能夠被理性化，完全是看溝通是否能成功地進行。要使得它成功，我

---

[30] 見 "Historial Materialism and the Development of Normative Structures," in *C & E*, pp. 118–119.

們就必須使那四種有效性的聲明順利地被大家所接受，而要使這點成爲可能，我們就不得不訴諸理由。在這些有效性的聲明受到挑戰時，我們就不得不跨入一個更高的層次——交談——來重新建立這些有效性的聲明。從上面的分析，我們可以下這樣一個結論，如果我們把溝通行爲視爲人際關係的主要模式的話，理性就不能限在工具——目的這個狹義的概念上。而很顯然的，哈柏瑪斯認爲對人類歷史的發展而言，溝通行爲的重要性絕不下於戰略行爲。

洛爾斯清楚地說：「……對理性這個概念必須盡可能地給予一個狹義的解釋，也就是，採取最有效的手段以達成旣定的目的。這個解釋是經濟理論中標準化的解釋。」（第 14 頁）雖然洛爾斯清楚地指出他所接受的理性概念是工具理性這個概念，但他認爲他之所以接受這個狹義的概念的理由乃是因爲這個概念較不會引起爭論。我們這裏所要作的分析必須能夠指出，契約這個模式不得不引導出這個工具理性的概念。

立約者之所以參與訂立契約這個活動是因爲每個人的心中都有自己的旣定目標，其次，如果大家在沒有任何協議的情況下追求自己的目標的話，最後的結果對每一個人都不利。這兩個條件只要有一個不存在，訂立契約就沒有必要。訂立契約的目的雖然是達到一個大家都一致贊成的合同，但是，這種合同或同意與溝通行爲的目標——了解，是不一樣的。契約的目的是有關如何分配利益、義務的問題，這點無論是在市場中的買賣行爲或是超級大國的限制核子武器談判，都能夠明顯地表現出來。但是，溝通行爲中所想要達成的了解卻不牽涉到利益與義務的分配，它所牽涉的是參與者們如何建立起交互主觀的（intersubjective）一個共同世界。立約者之所以會參加訂立契約是由於他想要實現自己事先已經有的一些目的，因而，這個目的一定是個人主義式的，而且，這個目的所帶來的好處必定是一些外在的好處。外在的好處，簡單地說就是那些可能讓渡的好處，例如，財物、權力等，而定契約的行爲就是一種攫取的行爲㉛。由於訂立契約的目的是希望能夠儘量地實現自己的目標，而這個目標本身又是個人主義式的以及攫取式的，因此，在自然狀況或原初的境況中參與立約的人所採取的必然是一種戰略性的行爲，這種行爲的特色，上面已經指出過，就是把所有自己以外的世界（無論是自然資源或是別人）都當做實現自己目的的工具。當然，每一個立約者都抱持這種態度。同時，大家都了解到，如果永遠處在自然狀態中，對每一個人都是不利的，這也就是爲什麼需要契約的理由。但是，在訂契約的過程中，戰略行爲卻是最典型的模式。而在戰略行爲中，工具理性是最有效的手段。工具理性指導我們怎麼樣能夠最有效地達到我們的目的。因此，以契約作爲人類行爲的最典型的模式這種進路，一定會把人類的理性了解成工具式的。

(2) **對話與獨白**——在批評康德的一段話中，哈柏瑪斯指出：

康德用這個原則來界定道德哲學：「只按照那個你可以同

㉛ 有關外在的好處(external goods)這個概念，參看A. MacIntyre的 *After Virtue* (London: Gerald Duckworth & Co. Ltd., 1981), pp. 175–76。有關契約論蘊涵着人的最主要的活動是攫取（appropriate）活動這點，見 David Gauthier: "Social Contract as Ideology," *Philosophy and Public Affairs,* Vol. 6, No. 2, 1977.

時意願它變為一個普遍的道德律的格準（maxim）去行事。」……每一個單獨的主體，在檢查他的行為格準是否適合作為普遍立法的原則時，必須把這些格準加諸於每一個主體之上，使它們對它也具有相同的約束力。道德律在下列的意思下是抽象地普遍的：當它們對我是普遍時，它們也必須同樣地對所有理性的存在都有效。這點所導致出的結果就是，在這種律則下，互動被消解成單一而自足的主體的行動，每一個人都必須以為他自己是唯一存在的意識那樣去採取行動，然而，每個主體又同時能夠確定他的一切遵循道德律的行動必然地一開始就是與所有其他可能的主體的行動是相和諧的[32]。

這段批評的話所顯示出的是，在康德的道德哲學中，一個格準是否能夠被普遍化（universalyable）並不需要經過交談或對話這種溝通的程序就可以達成。由於人類所具有的實踐理性的結構是相同的，因此，一個單獨的存在，可以透過自我的活動建立起一個道德原則，或者是替一個道德原則找到基礎。這當然是笛卡爾式的證立方法。而哈柏瑪斯對這種獨白式的證立程序的看法是，道德行爲本身就是一種溝通行爲，只有透過參與者們實際的對話，才能確定道德原則的普遍性。如果某一個道德原則的有效性受到挑戰時，也只是通過實際的交談或對話，我們才能再取回

[32] Habermas, "Labor and Interaction: Remarks on Hegel's Jena Philosophy of Mind", 本文收在他的 *Theory and Practice* 一書中, Tr. J. Viertel (Boston: Beacon Press, 1973), pp. 150–51.

對這個道德原則的有效性的聲明。麥卡錫指出，交談倫理中所強調的以對話程序作爲證立的基礎這個論點所表示的是：「道德原則的證立是透過所有道德社羣中的每一個分子都參與的情況下對於某一個普遍性的規範取得一致的結果，而不是一個單獨的理性存在自我思辯地推論，一個格準只要能夠在大家都遵循它而不會引起矛盾的情況下就可以被接受爲普遍的律則。」㉝

顯而易見的，交談倫理是一種對話式的而非獨白式的證立程序。當人們在「理想的說話境況」中討論如何建立倫理規範的有效性時，他們進行的方式是彼此之間以論辯的方式提出理由以完成這項工作，而不是笛卡爾或康德那種獨白式地作反省。

洛爾斯的理論乍眼一看好像也是對話式的。在訂立契約的過程中，人們把自己的意願提出，大家最後得到一個協議。在這種提議，討價還價，以至最終達成協議的整個過程中，難道不需要依賴對話來進行嗎？但是如果對於洛爾斯的理論作較爲深入的分析，我們就會發現在導出公正原則的過程中，並沒有任何對話存在。表面上看，在原初境況中的立約者們好像是彼此在進行談判，但實際上他們所作的工作只是個人在做一個合理的選擇(rational choice) 罷了。而且，大家的選擇都是一樣的，因此，原初的境況中理論上只須存在一個立約者已經足夠了。處在原初的境況中的人，由於被無知之幕所掩蓋，對於自己一切特殊的性質一點都不知道，他不知道自己的宗教信仰、性別、興趣、能力等。由於立約者被剝奪所有這些具體的知識，他對於自己是誰這種知識也喪失掉了。因此，在原初的境況中甲與乙沒有任何分別，甲的與

㉝ 見 McCarthy, *The Critical Theory of Jürgen Habermas*, pp. 325-27.

趣也就是乙的興趣。處在這個情況中的立約者事實上並不是在作彼此間討價還價的談判工作，而是在作一個個人選擇的工作。因爲如果要眞正的訂立契約的話，每個人起碼要對於自己在立約後到底什麼東西或事態是對自己有利的這點淸楚才不會訂錯一個契約。如果這個條件沒有滿足的話，當無知之幕揭起後，立約者們回到日常生活中時，他可能會發現原來他與別人所訂的約對他是不利的。在原初境況中，表面上看起來有一羣人處在那裏，但是，如果眞的有一羣人在那裏的話，用李斯曼(David Riesman)的名詞來說，他們也是「寂寞的羣眾」(lonely crowd)。洛爾斯指出，根據契約論的看法，道德哲學乃是合理選擇的理論(theory of rational choice)的一部分（第192頁）。而洛爾斯的理性概念乃是一種工具理性的概念。根據這種概念，人類最典型的理性行爲乃是經濟行爲，而經濟行爲是戰略行爲及技術行爲的一種。在這種行爲中，人們並沒有眞正在進行交談，他們所作的工作只是計算。在這種行爲中，所有外在於行爲者的東西都被視爲工具。洛爾斯的模式與康德的模式在下述這一點上是相像的。由於對於普遍性的要求，康德認爲在道德行爲中，所有各人的愛好、興趣等都被排除掉。因爲這些愛好及興趣都是個人性的，因此，它無法普遍化。道德原則只能建基在純粹的實踐理性上。只有這樣，才能保證道德原則的普遍性。洛爾斯也認爲個人的愛好及興趣等不應在選擇道德原則時有任何份量，因此，無知之幕就是把這些可能影響公平的因素排除掉的一個設計。由於立約者們喪失掉了自我認同，因此，在所謂訂立契約的過程中，對話不可能發生。每個在原初境況中的人只是在無知之幕後面做一個合理的選擇。

5. 社會的統一性 (*Social Unity*)

由於我們要求道德律則的有效性是普遍的，而個人的興趣、喜好，及目的卻是特殊的，因此，在康德與洛爾斯那種獨白式的證立方式中，個人的興趣、喜好，與目的這種具有個殊性的項目，必須被放在括弧中，只有這樣，道德規範的普遍性才能被建立。康德認爲，只有實踐理性才是道德規律的制訂者，而洛爾斯認爲，只有立約者們處在無知之幕後面，他們才能選擇出公正的分配原則。因爲，無知之幕把所有個殊的興趣、喜好、目的全部都暫時遮掩掉。康德與洛爾斯對於個殊的興趣、喜好與目的之所以這樣處理，原因之一當然是由於獨白式的證立程序所引起的。獨白式的證立程序是個體主義式的，它不需要也沒有通過交談這種方式。然而，道德原則又必須是普遍的，因此，唯一的辦法是把任何個殊性的東西不列入考慮。如果我們以「價值」這個詞來指謂興趣、喜好、目的等這些個殊性的項目，而以規範來指謂道德原則的話，則康德與洛爾斯的論旨就是，只有規範才有以及才需要有普遍性，價值則可以因人而異。這當然是自由主義最基本的論旨。

哈柏瑪斯對於興趣及目的在建立道德理論中所處的地位問題則提出另外一種看法。他認爲，人們在進行交談以建立交互主觀的共同世界時，不僅規範是人們交談所要建立的對象；興趣、目的等也是人們在交談中所應該提出來討論的題目。他之所以要把這種個殊性的項目也列入交談的內容之中，主要是爲了克服決策主義。決策主義認爲在最終的價值問題上，客觀性永遠無法建立，因爲這些價值之所以會被接受純粹是由人們的決定所導致，而這種決定本身卻不能用任何理由來說明它，因而，我們只能說它是非理性的。哈柏瑪斯不只是要建立起規範的合理性，他也要建立起價值的合理性。價值雖然是由人們的決定所導出的，但是在對話這個模式中，人們通過論辯，提出理由對各種提議提出質難，價值的合理性也能像規範的合理性一樣地被建立起來[34]。由於這個要求，所以麥卡錫指出：「交談的目的是對於什麼興趣是可以被通約化的(generalizable)這點達成一個一致的看法(consensus)。在這個構築中，個人的要求、需要、慾望，以及興趣不必——也不能——被排除出去。因爲人們想要達成的正是有關它們的協議。」[35]但是個殊性的興趣怎麼樣才可能變爲可通約的呢？到底什麼是可通約化的興趣(generalizable interests)呢？哈柏瑪斯把可通約化的興趣界定爲「可以在以溝通的方式下共同享有(communicatively shared)的需要」，而個殊的興趣就是那些經過交談之後證明無法被通約化的興趣[36]。個殊的興趣這個概念很容易了解。甲想要下午去看電影，乙想要去游泳，都是個殊的興趣。他們各人心目中都有一個事態，各人的興趣就是要使那個個殊的事態實現。若兩個事態不能同時並存時，他們之間的興趣就有衝突。但是，什麼樣的興趣才叫做「以溝通方式下共同享有的需要」呢？哈柏瑪斯對它並沒有做進一步的分析。從字面上看來，這是一種透過溝通的方式所得到的，同時，大家又可以共同地享有的興趣。例如，通過討論之後，一個社區的人都同意

[34] *Legitimation Crisis*, p. 108.

[35] McCarthy, *The Critical Theory of Jürgen Habermas*, p. 327.

[36] *Legitimation Crisis*, p. 108.

拿出經費來在該社區建立一個公園。我們可以想像討論的過程中人們提出不同理由來支持有關公園的地點、形式、面積等選擇。最後所通過的決議是有最好的理由所支持的提議。由這個方式所產生的興趣，是一種大家以溝通的方式所得到的興趣，因而，它是可以被通約化的。交談的目的不僅是建立道德規範的合理性，它同時要建立起人類興趣的可通約性。當然，並非所有興趣都是可通約的。在兩個人的發生衝突而無法透過溝通的辦法建立兩人可共享的興趣時，妥協是唯一的辦法。有一點值得提出的是，一般對於集體主義 (collectivism) 的批評，並不能應用到哈柏瑪斯這種可通約化的興趣這種想法上。有些集體主義者指出，在個體之外還有一種集體的存在，例如社會、國家等，並且這些集體本身有自己的興趣。這種理論往往是人類大悲劇的根源。像納粹所宣稱的，他們所做的一切都是爲了國家利益。個體主義的理論最主要的論旨之一，就是指出，所謂集體的利益這項東西是不存在的，哈柏瑪斯的可通約化的興趣並不是集體的目的或興趣，而是人們通過交談後所建立的大家可以共享的興趣。

洛爾斯在建立公正理論時，對於個殊的興趣採取了一個完全不同的處理辦法。他的辦法，是典型的自由主義式的辦法，同時，這個辦法也跟契約的方法有着不可分割的關係。道德哲學中最重要的兩個概念是對 (rightness) 與好處 (good)。道德規範所告訴我們的是，什麼行爲、制度、法律是對的或公正的。人類社會之得以存在，必須依靠一個爲大家所共同接受的普遍道德才有可能。這就是涂爾幹 (Durkheim) 所謂任何一個社會都是一個道德社羣這句話的意義。但是，什麼東西是好的或有價值的這個問題，卻不需要有一個被大家所共同接受的標準。在這裏，相對性並不會威脅到人類社會的存在；相反的，它可以使它更加多彩多姿。自由主義式與非自由主義式的道德理論最重要的不同之一就是，自由主義者們認爲人類擁有不同的，甚至不可公約的價值體系，而非自由主義者們則認爲，價值體系，就像道德規範一樣，具有客觀性。因而，如果兩個人擁有不同的價值體系，這就表示至少有一個人是錯的。自由主義者這種對價值的看法，與多元主義、決策主義等論點很自然地就連接起來。同時，這種價值的多元主義也使得他們在建立道德理論時，不得不把興趣、目的等不可公約的個殊性的東西，放在括弧裏面。道德原則的基礎不是興趣、與目的，因爲它們是因人而異，甚至不可公約的。洛爾斯在這點上完全接受自由主義的論點。他說：

> ……所有對於價值的概念（與公正不相違背）被認為是同等地有價值的，這個相等地有價值的意義並不在於有一個大家都同意的對於內在價值以及滿足的共同尺度，根據這個尺度，所有這些概念都是平等的，而是說，從社會的立場，我們對它們完全不加以評價㊲。

這種對於價值概念的高下不做任何評價的立場正是自由主義最重要的論旨之一。自由主義之所以不對價值作評價的工作主要是由於他們認爲在這個領域內，沒有客觀的標準存在，或者說，

㊲ Rawls, "Social Unity and Primary Goods", 本文收在 *Utilitarianism and Beyond* 一書中，(eds.) Amartya Sen and Bernard Williams (Cambridge: Cambridge University Press, 1982), p. 172.

價值本身並不存在於客觀世界中。世界是由事實所構成的，而價值則是人類對於事實世界所賦與的意義，而這種意義賦與的工作，完全由主觀的興趣、喜好及目的而定。由於接受了這個自由主義的論旨，洛爾斯在建立他的公正理論時，把興趣、喜好、目的等這些個殊性的東西，完全放在括弧裏。無知之幕的作用之一就是把它們遮掩起來，使得立約者們對它們一無所知，因而才可能保證道德原則的普遍性。但是，在大家對自己的興趣、喜好以及目的一無所知的情況下，立約者們怎麼樣確定什麼是對自己有利的呢？他們到底想要從訂立契約中取得什麼？如果他們對這點都一無所知的話，訂約工作根本就無法進行。在這裏，洛爾斯介紹了他的基本有用物品（primary goods）的理論。立約者們雖然對個殊的興趣一無所知，他們也不知道自己的價值體系，但是，他們對於一般事實（general facts）的知識卻沒有喪失，無知之幕並沒有把這種知識遮掩掉。因此，他們對於人類需要的基本結構有所了解。而基本有用物品的理論指出，無論你的價值體系是什麼，無論你認爲什麼樣的人生才是好的，基本有用物品對於它們都是不可缺少的東西。像自由、機會、財富等這些物品，無論對什麼人生目的都是不可或缺的東西。即使一個想出家做和尚的人，也不能完全沒有這些東西。因此，立約者們在原初境況中就有了對於自己到底要追求什麼東西的概念。基本有用物品的理論並不是有關個殊性的興趣、喜好及目的，而是有關具有普遍性的需要。有了這個理論，契約就能夠開始。憑藉這個基本有用物品的理論，洛爾斯可以把個殊性的興趣、喜好及目的等個殊性的東西，在導出公正原則的過程中，不列入考慮的項目中。同時，在契約訂立之後，人們也仍舊能夠保持住這些個殊性的東西而建立一個價值多元的社會。在這種多元的社會中，人們有着不同的，甚至不可公約的價值觀念。在這種多元的社會中，社會的統一用什麼來得到保證呢？洛爾斯以及其他的自由主義者都指出，保證社會統一性的東西在於大家所共同接受的一套道德規範。這種規範具有普遍有效性。任何價值體系都不能與它衝突。他說：

> 作為一個康德式的看法，公平式的公正接受自由主義的這個預設。接受這個預設的結果是，社會的統一性以及公民對於他們所共有的典章制度的忠貞並不建基在他們都擁護一個合理的價值觀念，而是建基在大家對於怎麼樣對待擁有不同及相反價值觀念的自由及平等的道德存在才是公正的這樣一個合同之上㊳。

對於社會的統一性，哈柏瑪斯與洛爾斯有不同的看法。在這裏，哈柏瑪斯認爲，社會的統一不但需要大家具有共同的道德規範及原則，還需要有大家都共同接受的目的。交談的內容不僅是道德原則，還包括人類的興趣。當然，他了解到，並非所有的興趣都是可通約化的。那些個殊且不能被通約化的興趣，只有靠妥協來解決㊴。然而，我們要問，爲什麼要追求可通約化的興趣呢？沒有這點，社會的統一性就不能建立了嗎？社羣（community）是否一定要所有的成員都擁有共同的價值體系才得以成立？自由主義者顯然不這樣想。哈柏瑪斯的主要動機我想有二個。上面提

㊳ Rawls, "Social Unity and Primary Goods," p. 160.

㊴ *Legitimation Crisis*, p. 111.

過的一點是，他想要建立起價值體系的合理性，以及克服決策主義。而這種合理性的建立唯有依靠交談的方式才能獲得，因為他認為理性的基礎在於對話而不是個人獨白式的反省。其次，他想要用可通約化的興趣這個概念來對意識型態進行批判。意識型態是一組觀念。它告訴我們有些人類的興趣，在某種情況下是應該被抑止的。但是，通過交談，我們所可以指出的正是，這些被認為應該被抑止的興趣乃是可以被通約化的。當然，意識型態對某一部份人是有利的[40]。但是，理性在這裏眞的要求價值系統的普遍性嗎？社羣的建立只有靠成員們的興趣能夠被通約化才有可能嗎？像米爾所憂慮的，這種建立在共同價值體系上的社羣是否會扼殺多元社會多彩多姿的特色呢？

---

[40] *Legitimation Crisis*, pp. 111–117.

Bibliography / 參考書目

I. Rawls' Works:

Rawls, John, "Outline of a Decision Procedure for Ethics," *The Philosophical Review*, 60 (1951), pp. 177–97.

——, "Two Concepts of Rules," *The Philosophical Review*, 64 (1955), pp. 3–32.

——, "Justice as Fairness," *The Philosophical Review*, 67 (1958), pp. 164–94.

——, "The Sense of Justice," *The Philosophical Review*, 72 (1963), pp. 281–305.

——, "Distributive Justice," in *Philosophy, Politics and Society*, Third Series, ed. by Peter Lasett and W. G. Runciman. London: Basil Blackwell Ltd., 1967.

——, "Justice as Reciprocity," in *Utilitarianism: John Stuart Mill, with Critical Essays*, ed. by Samuel Gorovitz. New York: Bobbs-Merrill Co., Inc., 1971.

——, *A Theory of Justice*. Cambridge, Massachusetts: Harvard University Press, 1971.

——, "Reply to Lyons and Teitelman," in "Symposium: *A Theory of Justice*," *The Journal of Philosophy*, 69 (October 5, 1972), pp. 556–7.

Rawls, John, "Some Reasons for the Maximin Criterion," A symposium on Concepts of Distributional Equity, *The American Economic Review*, 64 (1974), pp. 141–46.

——, "Reply to Alexander and Musgrave," *The Quarterly Journal of Economics*, 88 (1974), pp. 633–55.

——, "Fairness to Goodness," *The Philosophical Review*, 84 (1974), pp. 536–54.

——, "The Independence of Moral Theory," Presidential Address to the American Philosophical Association, Eastern Division, 1974, in *Proceedings and Addresses of the American Philosophical Association*, 48 (1975), pp. 5–22.

——, "Kantian Constructivism in Moral Theory," *Journal of Philosophy*, 77 (1980), pp. 512–72.

——, "The Basic Liberties and Their Priority," in *The Tanner Lectures on Human Values*, ed. S. M. McMurrin, Vol. 3. Salt Lake City: University of Utah Press, 1982, pp. 3–87.

——, "Social Unity and Primary Goods," in *Utilitarianism and Beyond*, eds. A. K. Sen and Bernard Williams. Cambridge: Cambridge Univ. Press, 1983, pp. 159–185.

——, "Justice as Fairness: Political not Metaphysical," *Philosophy and Public Affairs*, 14 (1985), pp. 223–51.

——, "The Priority of Right and Ideas of the Goods,"

Philosophy and Public Affairs, 17 (1988), pp. 251-276.

II. Works on Rawls and Related Works:

Altman, Andrew, "Rawls' Pragmatic Turn," *Journal of Social Philosophy*, 1 (1983), pp. 8-12.

Arrow, Kenneth, "Extended Sympathy and the Possibility of Social Choice," *Philosophia*, 7(1978), pp. 223-37.

Ball, Stephen, "Economic Equality: Rawls vs Utilitarianism," *Economics and Philosophy*, 2 (1986), pp. 225-44.

Barber, Benjamin R., "Justifying Justice: Problems of Psychology, Measurement, and Politics in Rawls," *The American Political Science Review*, 69 (1975), pp. 663-74.

Barry, Brian, "On Social Justice," *The Oxford Review*, (Trinity Term, 1967), pp. 33-43.

——, *The Liberal Theory of Justice*. London: Oxford University Press, 1973.

Bates, Stanley, "The Motivation to be Just," *Ethics*, 85 (1974), pp. 1-17.

Benn, S. I., and R. S. Peters, *Social Principles and the Democratic State*. London: George Allen and Unwin Ltd., 1959.

Berlin, Isaiah, *Four Essays on Liberty*. Oxford: Oxford University Press, 1969.

Bernstein, Richard, ed., *Habermas and Modernity*. Cambridge: Polity Press, 1985.

Blocker, Gene, and Elizabeth Smith, eds., *John Rawls' Theory of Social Justice*. Athens, Ohio: Ohio University Press, 1980.

Campbell, T. D., "Humanity before Justice," *The British Journal of Political Science*, 4 (1974), pp. 1–16.

Care, Norman S., "Contractualism and Moral Criticism," *The Review of Metaphysics*, 23(1969), pp. 85–101.

——, "Future Generations, Public Policy, and the Motivation Problem," *Environmental Ethics*, 4 (1982), pp. 195–213.

Carr, Spencer, "Rawls, Contractarianism, and our Moral Intuitions," *The Personalist*, 56 (1975), pp. 83–95.

Chapman, John W., "Justice and Fairness," in *Nomos VI: Justice*, ed. by C. J. Friedrich and John W. Chapman. New York: The Atherton Press, 1963, pp. 147–69.

Crocker, Lawrence, "Equality, Solidarity, and Rawls' Maximin," *Philosophy and Public Affairs*, Vol. 6, No. 3 (Spring 1977), pp. 262–66.

Cunningham, R. L., "Justice: Efficiency or Fairness?" *The Personalist*, 52 (1971), pp. 253–81.

Daniels, Norman, ed., *Reading Rawls: Critical Studies of a Theory of Justice*. New York: Basic Books Inc., 1975.

Daniels, Norman, ed., "Equal Liberty and Unequal Worth of Liberty," in *Reading Rawls: Critical Studies of a Theory of Justice,* ed. by Norman Daniels. New York: Basic Books Inc., 1975, pp. 253–81.

Di Quattro, Arthur, "Rawls and Left Criticism," *Political Theory,* 11 (1983), pp. 53–78.

Dworkin, Gerald, "Non-neutral Principles," in *Reading Rawls: Critical Studies of a Theory of Justice,* ed. by Norman Daniels. New York: Basic Books Inc., 1975, pp. 124–40.

Dworkin, Ronald, "The Origin Position," in *Reading Rawls: Critical Studies of a Theory of Justice,* ed. by Norman Daniels. New York: Basic Books Inc., 1975, pp. 16–52.

Elle, Larry, "Individualism and Class Consciousness," *Radical Philosopher's Newsjournal,* IX (Fall 1977), pp. 1–13.

Eshete, Andreas, "Contractarianism and the Scope of Justice," *Ethics,* 85 (1974), pp. 38–49.

Feinberg, Joel, "Rawls and Intuitionism," in *Reading Rawls: Critical Studies of a Theory of Justice,* ed. by Norman Daniels. New York: Basic Books Inc., 1975, pp. 108–23.

Fishkin, James, "Justice and Rationality: Some Objections to the Central Argument in Rawls' Theory," *The*

American Political Science Review, 69 (1975), pp. 615-29.

Fisk, Milton, "History and Reason in Rawls' Moral Theory," in *Reading Rawls: Critical Studies of a Theory of Justice,* ed. by Norman Daniels. New York: Basic Books Inc., 1975, pp. 53-80.

Frankel, Charles, "The New Egalitarianism and the Old," *Commentary*, (September, 1973), pp. 54-61.

Gauthier, David, "Justice and Natural Endowment: Toward a Critique of Rawls' Ideological Framework," *Social Theory and Practice,* 3 (1974), pp. 3-26.

——, "Why Ought One Obey God: Reflections on Hobbes and Locke," *Canadian Journal of Philosophy*, Vol. 7, No. 3 (1977), pp. 425-66.

——, "Social Contract as Ideology," *Philosophy and Public Affairs,* Vol. 6, No. 2 (W. 1977), pp. 130-64.

——, "Bargaining and Justice," *Social Philosophy and Policy*, 2(1985), pp. 29-47.

Gibbard, Allan, "Disparate Goods and Rawls' Difference Principle: A Social Choice Theory Treatment," *Theory and Dicision,* 11 (1979), pp. 267-88.

Goff, Edwin, "Injustice in American Liberal Democracy: Foundations for a Rawlsian Critique," *Journal of Value Inquiry,* 18 (1984), pp. 145-54.

Habermas, Jürgen, *Toward a Rational Society,* tr. Jeremy

Shapiro. Boston: Beacon Press, 1970.

Habermas, Jürgen, *Knowledge and Human Interests,* tr. Jeremy Shapiro. Boston: Beacon Press, 1971.

——, *Theory and Practice,* tr. John Viertel. Boston: Beacon Press, 1974.

——, *Legitimation Crisis,* tr. Thomas McCarthy. Boston: Beacon Press, 1975.

——, *Communication and the Evolution of Society,* tr. Thomas McCarthy. Boston: Beacon Press, 1979.

——, *The Theory of Communicative Action,* Vol. I. tr. Thomas McCarthy. Boston: Beacon Press, 1984.

Haldane, John, "Individual and the Theory of Justice," *Ratio,* 27(1985), pp. 189-96.

Hampton, Jean, "Contracts and Choices: Does Rawls Have a *Social Contract* Theory?" *Journal of Philosophy,* 77 (1980), pp. 315-38.

Hare, R. M., "Rawls' Theory of Justice," in *Reading Rawls: Critical Studies of a Theory of Justice,* ed. by Norman Daniels. New York: Basic Books Inc., 1975, pp. 81-107.

Held, David, *Introduction to Critical Theory.* London: Hutchingson & Co. (Publishers) Ltd., 1980.

Honderich, Ted, "The Use of the Basic Proposition of a Theory of Justice," *Mind,* 84 (1975), pp. 63-78.

Hospers, John, "A Review of Rawls' *A Theory of Justice,*"

The Personalist, 55 (1974), pp. 71-77.

Hume, David, *An Inquiry Concerning the Principles of Morals*, ed. with an Introduction by Charles W. Hendel. New York: The Bobbs-Merrill Company, Inc., 1957.

Kant, Immanuel, *Foundations of the Metaphysics of Morals*. New York: The Bobbs-Merrill Company, Inc., 1959.

Keat, Russell, and David Miller, "Understanding Justice," *Political Theory*, Vol. 2, No. 1 (1974), pp. 3-31.

Keyt, David, "The Social Contract as an Analytic, Justificatory and Polemic Device," *The Canadian Journal of Philosophy*, 4 (1974), pp. 241-52.

Kleinberger, Aharon F., "The Social-contract Strategy for the Justification of Moral Principles," *Journal of Moral Education*, Vol. 5, No. 2 (1978), pp. 107-26.

Kuhn, Thomas, *The Structure of Scientific Revolution*. Chicago: The University of Chicago Press, 1962.

Lakatos, Imre, and Alan Musgrave, ed., *Criticism and the Growth of Knowledge*. Cambridge: Cambridge University Press, 1970.

Lessnoff, Michael, "John Rawls' Theory of Justice," *Political Studies*, 19 (1971), pp. 63-80.

Levine, Andrew, "Rawls' Kantianism," *Social Theory and Practice*, 3 (1973), pp. 47-63.

Lukes, Steven, "Relativism: Cognitive and Moral," *The Aristotelian Society*, 48 (1974), pp. 165-89.

——, "An Archimedean Point," *Observer Review*, 4 (June, 1972).

——, *Individualism*. Oxford: Basil Blackwell, 1973.

Lyons, David, "Nature and Soundness of the Contract and Coherence Arguments," in *Reading Rawls: Critical Studies of* a *Theory of Justice*, ed. by Norman Daniels. New York: Basic Books Inc., 1975, pp. 141–67.

McBride, W., "Social Theory *Subspecie Aeternitatis*: A New Perspective," *The Yale Law Journal*, 5 (1972), pp. 980–1003.

——, "The Concept of Justice in Marx, Engel, and Others," *Ethics*, 85 (1975), pp. 204–218.

McCarthy, Thomas, *The Critical Theory of Jurgen Habermas*. Cambridge, Mass.: MIT Press, 1978.

MacPherson, C. B., "Rawls' Model of Man and Society," *Philosophy of the Social Sciences*, 3 (1973), pp. 341–7.

——, *The Political Theory of Possessive Individualism*. London: Oxford University Press, 1962.

——, "Class, Classlessness, and the Critique of Rawls: A Reply to Nielsen," *Political Theory*, Vol. 6, No. 2 (May, 1978), pp. 209–211.

Manning, Russ, "Environmental Ethics and Rawls' Theory of Justice," *Environmental Ethics*, 3 (1981), pp. 155–66.

Marcuse, Herbert, *One-dimension Man*. Boston: Beacon

Press, 1964.

——, *An Essay on Liberation*. Boston: Beacon Press, 1969.

Marshall, J., "The Failure of Contract as Justification," *Social Theory and Practice*, 3 (1975), pp. 441–59.

Martin, Rex, *Rawls and Right*, Lawrence. Kansas: The University Press of Kansas, 1985.

Marx, Karl, *Early Writings*, tr. and ed. by T. B. Bottomore. New York: McGraw-Hill Book Company, 1964.

Marx, Karl, and Frederick Engels, *The German Ideology*, Part One, with Selections from Part Two and Three and Supplementary Texts, ed. with Introduction by C. J. Arthur. New York: International Publishers, 1970.

Miller, Richard, "Rawls and Marxism," *Philosophy and Public Affairs*, 3 (1974), pp. 167–94.

Nagel, Thomas, "Rawls on Justice," *The Philosophical Review*, 82 (1973), pp. 220–34.

Nielsen, Kai, "A Note on Rationality," *The Journal of Critical Analysis*, 4 (1972), pp. 16–19.

——, "On Philosophic Method," *International Philosophical Quarterly*, 16 (1976), pp. 349–68.

——, "Rawls and Classist Amoralism," *Mind*, 86 (1977), pp. 19–30.

Nielsen, Kai, "Rawls' Defense of Morality: Rationality, Amoralism and the Problem of Congruence," *The*

Personalist, Vol. 59, No. 1 (1978), pp. 93-100.

——, "Class and Justice," in *Justice and Economic Distribution*, ed. by John Arthur and William H. Shaw. Englewood Cliffs, New Jersey: Prentice-Hall Inc., 1978, pp. 225-45.

——, "On the Diversity of Moral Beliefs," *Cultural Hermeneutics*, 2 (1974), pp. 281-303.

——, "On the Very Possibility of a Classless Society," *Political Theory*, Vol. 6, No. 2 (May 1978), pp. 191-208.

——, "Radical Egalitarian Justice: Justice as Equality," *Social Theory and Practice*, Vol. 5, No. 2 (Spring 1979), pp. 209-226.

Nielsen, Kai, and Roger Shiner, *New Essays on Contract Theory*. Guelph, Ontario: Canadian Association for Publishing in Philosophy, 1977.

Nowell-Smith, P. H., "A Theory of Justice," *Philosophy of the Social Science*, 3 (1973), pp. 315-39.

Nozick, Robert, "Distributive Justice," *Philosophy and Public Affairs*, 3 (1973), pp. 45-126.

——, *Anarchy, State, and Utopia*. New York: Basic Books Inc., 1974.

Parfit, Derek, "Later Selves and Moral Principles," in *Philosophy and Personal Relations*, ed. by Alan Montefiore. Montreal: McGell-Queen's University Press,

1973, pp. 137–69.

Piper, Adrian, "Personal Continuity and Instrumental Rationality in Rawls' Theory of Justice," *Social Theory and Practice*, 13 (1987), pp. 49–76.

Popper, Karl, *Conjectures and Refutations*. New York: Harper & Row, 1963.

Prichard, H. A., *Moral Obligation and Duty and Interest*. London: Oxford University Press, 1968.

Proudfoot, Wayne, "Rawls on the Individual and the Social," *The Journal of Religious Ethics*, 2/2 (1974), pp. 107–28.

Raz, Joseph, "The Claims of Reflective Equilibrium," *Inquiry*, 25 (1982), pp. 307–330.

Reiman, Jeffrey, "The Possibility of a Marxian Theory of Justice," *Canadian Journal of Philosophy Supplement*, 7 (1981), pp. 307–22.

Rousseau, Jean-Jacques, *The Social Contract*, Translated with Introduction by G. D. H. Cole. London: J. M. Dent and Sons Ltd., 1913.

Scheffler, Samuel, "Moral Independence and the Original Position," *Philosophical Studies*, 35 (1979), pp. 397–403.

Schwartz, Adina, "Moral Neutrality and Primary Goods," *Ethics*, 83 (1973), pp. 294–307.

Searle, John, "What is a Speech Act?" in *Philosophy in*

America, ed. by Max Black. London: George Allen and Unwin Ltd., 1965, pp. 221–39.

Sessions, William, "Rawls' Concept and Conception of Primary Goods," *Social Theory and Practice*, 7 (1981), pp. 303–24.

Shaw, William, "Intuition and Moral Philosophy," *American Philosophical Quarterly*, 17 (1980), pp. 127–34.

Shultz, Bart, "Person, Selves, and Utilitarianism," *Ethics*, 96 (1986), pp. 21–45.

Singer, Marcus, "The Method of Justice: Reflections on Rawls," *The Journal of Value Inquiry*, Vol. X, No. 4 (W. 1976), pp. 286–316.

Singer, Peter, "Sidgwick and Reflective Equilibrium," *The Monist*, 58 (1974), pp. 490–517.

Snare, Frank, "John Rawls and the Methods of Ethics," *Philosophy and Phenomenological Research*, 36 (1975), pp. 100–12.

Stell, Lance, "Rawls on the Moral Importance of Natural Inequalities," *Personalist*, 59 (1978), 206–15.

Sterba, James, "A Rawlsian Solution to Arrow's Paradox," *Pacific Philosophical Quarterly*, 62 (1981), pp. 282–92.

Teitelman, Michael, "The Limits of Individualism," in "Symposium: *A Theory of Justice*," *The Journal of Philosophy*, 69 (October 5, 1972), pp. 545–56.

Thomas, G. B., "On Choosing a Morality," *Canadian Journal*

of Philosophy, 5 (1975), pp. 357–74.

Thompson, John, and David Held, eds., *Habermas: Critical Debates*. London: The MacMillan Press Ltd., 1982.

Urmson, J. O., "A Defence of Intuitionism," *The Aristotelian Society*, 75 (1974–75), pp. 111–19.

Wolfe, Robert Paul, *In Defense of Anarchism*. New York: Harper & Row, 1970.

——, *Understanding Rawls*. Princeton, New Jersey: Princeton University Press, 1977.

人 名 索 引

L

M

N

P

Q

R

S

T

V

W

名詞索引

七　劃

八　劃

九　劃

十　劃

十一劃

十二劃

十三劃

十 四 劃

十 六 劃

十 九 劃

二 十 劃

世界哲學家叢書(四)

書名	作者	出版狀況
聖奧古斯丁	黃維潤	撰稿中
聖多瑪斯	黃美貞	撰稿中
梅露・彭廸	岑溢成	撰稿中
黑格爾	徐文瑞	撰稿中
盧卡契	錢永祥	撰稿中
亞里斯多德	曾仰如	已出版
笛卡兒	孫振青	撰稿中
盧梭	江金太	撰稿中
馬庫色	陳昭瑛	撰稿中
馬利丹	楊世雄	撰稿中
柯靈烏	陳明福	撰稿中
維根斯坦	范光棣	撰稿中
魯一士	黃秀璣	撰稿中
高達美	張思明	撰稿中
希克	劉若韶	撰稿中
萊布尼玆	錢志純	撰稿中
祁克果	陳俊輝	排印中
德希達	張正平	撰稿中

世界哲學家叢書㈢

書名	作者	出版狀況
元曉	李箕永	撰稿中
狄爾泰	張旺山	已出版
哈伯馬斯	李英明	已出版
巴克萊	蔡信安	撰稿中
呂格爾	沈清松	撰稿中
柏拉圖	傅佩榮	撰稿中
休謨	李瑞全	撰稿中
胡塞爾	蔡美麗	排印中
康德	關子尹	撰稿中
海德格	項退結	已出版
洛爾斯	石元康	已出版
史陶生	謝仲明	撰稿中
卡納普	林正弘	撰稿中
奧斯汀	劉福增	撰稿中
洛克	謝啟武	撰稿中
馬塞爾	陸達誠	撰稿中
約翰彌爾	張明貴	已出版
卡爾巴柏	莊文瑞	撰稿中
赫爾	馮耀明	撰稿中
漢娜鄂蘭	蔡英文	撰稿中
韋伯	陳忠信	撰稿中
奎英	成中英	撰稿中
謝勒	江日新	撰稿中
馬克思	許國賢	撰稿中
雅斯培	黃藿	撰稿中

世界哲學家叢書(二)

書名	作者	出版狀況
揚雄	陳福濱	撰稿中
淮南子	李增	撰稿中
袾宏	于君方	撰稿中
永明延壽	冉雲華	撰稿中
宗密	冉雲華	已出版
方以智	劉君燦	已出版
吉藏	楊惠南	已出版
惠能	楊惠南	撰稿中
玄奘	馬少雄	撰稿中
龍樹	萬金川	撰稿中
智顗	霍韜晦	撰稿中
竺道生	陳沛然	已出版
慧遠	區結成	已出版
僧肇	李潤生	已出版
知禮	釋慧嶽	撰稿中
大慧宗杲	林義正	撰稿中
西田幾多郎	廖仁義	撰稿中
伊藤仁齋	田原剛	撰稿中
貝原益軒	岡田武彥	已出版
山崎闇齋	岡田武彥	已出版
楠本端山	岡田武彥	撰稿中
山鹿素行	劉梅琴	撰稿中
吉田松陰	山口宗之	撰稿中
休靜	金煐泰	撰稿中
知訥	韓基斗	撰稿中

世界哲學家叢書(一)

書名	作者	出版狀況
董仲舒	章政通	已出版
程顥、程頤	李日章	已出版
王陽明	秦家懿	已出版
王弼	林麗真	已出版
陸象山	曾春海	已出版
陳白沙	姜允明	撰稿中
劉蕺山	張永儁	撰稿中
黃宗羲	盧建榮	撰稿中
周敦頤	陳郁夫	撰稿中
王充	林麗雪	撰稿中
莊子	吳光明	已出版
老子	傅偉勳	撰稿中
張載	黃秀璣	已出版
王船山	戴景賢	撰稿中
眞德秀	朱榮貴	撰稿中
顏元	楊慧傑	撰稿中
墨子	王讚源	撰稿中
邵雍	趙玲玲	撰稿中
李退溪	尹絲淳	撰稿中
賈誼	沈秋雄	撰稿中
李栗谷	宋錫球	撰稿中
孔子	秦家懿	撰稿中
孟子	黃俊傑	撰稿中
朱熹	陳榮捷	撰稿中
王安石	王明蓀	撰稿中